ありがとよ築地

魚河岸と生きた四十年

芝山 孝

廣済堂出版

ありがとよ築地

魚河岸と生きた四十年

はじめに

私の一日は午前一時から始まる。

目覚ましなんかいらない。体が覚えていて、午前一時少し前になると、必ず目が覚めてしまうんだ。

布団を出たら、まずは着替え。

着替えは早いよ。

一分もかからない。寝る前に枕元に翌日着る服を用意しておくからね。

春と秋はシャツとズボン、夏はTシャツとズボン、冬はヒートテックのシャツとセーターとズボン。

で、かみさんが用意してくれた朝ご飯を食べる。

朝からそんなには食べない。大切なのはエネルギー源になる米だ。それも茶碗に一杯だけ。あとは味噌汁と紀州《きしゅう》の梅干し一粒くらい。

若い頃はもっと食べていたけど、還暦《かんれき》を過ぎた今は、これで十分だ。

熱～いウーロン茶を飲んで、長靴を履《は》いて、ウィンドブレーカーを羽織《はお》って、さあ出発だ。

外に出ると、頭が動き始める。今日来るであろうお客さんの顔が浮かび、せり場の魚の入荷状況が気になってくる。あの魚はちゃんと入荷したのか心配になって、その場で担当のせり人に電話をしてしまうこともある。

私が住んでいるマンションから五分くらいのところに眞一《しんいち》兄貴の家がある。場所はおじいさんの代から同じで、私も二十七歳までそこに住んでいたのだけれど、その後、家は改築された。

その家から兄貴が車でマンションの下まで迎えに来てくれる。

外は夏でも真っ暗だ。なんたって午前二時だからね。当然人通りはない。ただ私の住んでいる門前仲町《もんぜんなかちょう》は繁華街で、飲み屋も多い。永代《えいたい》通りまで行くと、千鳥足《ちどりあし》のサラリーマンが歩いているのを見かけるよ。とくに週末はね。朝まで、あちこちの店をはしごして、始発で帰るんだろう。見ちゃいけないものも数知れずだよ。

いい気なもんだ、なんて思わない。サラリーマンはサラリーマンで大変なんだ。そもそも大変じゃない仕事なんて、この世にはない。

嫌なら辞めればいいいことなんだけど、それができないいんだな。生活がかかってるからね。人間、とにかく生きていかなきゃならない。

酔っぱらったサラリーマンを後目に私は、兄貴が運転する車に乗って、築地に向かう。

毎日、毎日、雨の日も雪の日も嵐の日も。

午前二時半頃には築地に着く。

築地は煌々《こうこう》と明かりがついて、人はもう、ばんばんに動いている。

何でそんなに人がいるかって？

決まってるだろう。やることがあるんだよ。

築地に出入りする人たちは、荷主、小揚げ会社や荷受け会社の社員、せり人、仲卸《なかおろし》業者、売買参加者、買出し人、運送業者、配達サービス人、場外市場の店主、一般の客など、いろいろだ。

荷主っていうのは、つまり魚の持ち主のことで、海で獲《と》れた魚を売るために築地まで運んでくる。もちろん、実際に運んでくるのは運送業者の運ちゃんだけどね。

で、この魚の荷を受け入れるのが、その名の通り荷受け会社、つまり卸だ。現在築地には七社の荷受け会社があって、その七社で全ての魚を引き受けて、売っている。

魚っていっても、いろいろだ。

せり場別に言うと、まず大物といわれるマグロ。これは生と冷凍があって、養殖も含まれている。一般鮮魚は近海物と遠海物が一つのせり場になっていて、アマダイ、マナガツオ、赤ムツ、太刀魚、クエ、ハタといった高級魚、アジ、サバ、イワシ、スルメイカ、カレイ、カツオ、サケといった一般大衆魚を取り扱っている。それ以外には、カキ、アユなどの低温せり場やアナゴ、ウニ、エビ、塩干魚、合物《あいもの》、加工などはそれぞれにせり場がある。せり場が違うってことは、それぞれに担当のせり人がいるってことだ。

売る相手は売買参加権を持つ業者で、そのうちの一つが仲卸。あまり聞いたことがないかもしれないけど、いわゆる仲買人のこと。昔より少なくなったとはいえ、今でも六百軒はあるんだよ。うちの店もその一つだ。

店の名前は「芝専《しばせん》」。

自慢するわけじゃないけど、築地の仲卸のなかでは、かなりの老舗《しにせ》だ。何しろ創業は大正十五年だからね。

知ってる？

昔、市場は築地じゃなく、日本橋にあったの。それが関東大震災で壊滅しちゃって、芝浦《しばうら》に臨時の市場を開いたんだけど、せまいし衛生的にもよくないってことで、昭和十年に今の築地に移ったんだ。

もちろん私は日本橋時代の市場を知らない。昭和二十八年生まれだからね。ただときどき、おじいさんが日本橋時代の話をしてくれた。築地みたいにきれいじゃなかったらしいね。

そりゃそうだろう。冷蔵庫や冷凍庫が今みたいに整ってるわけじゃなし。夏なんてすぐ腐っちゃったんじゃないのかな。仕事も大変だったろうな。

でもおじいさんはそういう時代の魚市場に丁稚小僧《でっちこぞう》として入って、一生懸命働いて、仕事を覚えて、二十七歳で番頭になった。三十三歳で独立して自分の店を持つようになって、その店が九十年も続いているんだから、本当に素晴らしいことだよ。

私は芝専の家に生まれたことを誇りに思っている。

だから、毎日毎日、築地に通う。

四十年働いてきたけど、公休日以外、休んだことはない。

ただ、二十年くらい前に手を骨折したときに一週間休んだことがあった。でも、それだけだ。長期休暇なんかとれないから、家族で長い旅行なんかしたこともない。せいぜい一泊二日だった。

娘たちは可哀想だったけど、仕方がない。仲卸の家の娘に生まれたんだから、それくらいは我慢してもらわなくちゃ。

かみさんは、まあ、そういう職業だって分かって結婚したわけだけど、大変だったと思う。私につきあって毎日一時に起きて、いや、飯の支度をするから、一時前にはもう起きてるな。子供が小さいときは、私を送り出してから、今度は子供の朝ご飯を作って、送り出して、私が昼に帰ったらまたご飯の用意して、ちょっとしたら今度は夕飯の支度だろう。一日中、飯を作ってた。

今は二人の娘が結婚して家を出たから、少しは楽になったんじゃないかな。

あんまり言葉にしたことはなかったけど、感謝してます。

かみさんがいなかったら、絶対にこれまで働いてこられなかったね。

おっと話がそれちゃった。

で、仲卸が卸から魚を買うだろう。それを今度は、仲卸が買出し人の小売りの商人、例えば魚屋、料亭、小料理屋、寿司屋、洋食屋、居酒屋チェーン、旅館などに売る。
そうした店を通してようやく魚が消費者の口に入るというわけだ。

四十年通い続け、働き続けてきた築地が、平成二十八年に豊洲《とよす》に移転することが決まった。

兄貴はこれを機に店をたたむことを考えていた。それはそれでしょうがないと思った。芝専は私の店じゃなくて兄貴の店だからね。

でも、やっぱり芝専がなくなるのは嫌だった。おじいさんがつくった店がなくなるのは寂しかったし、自分自身生きている限り魚を売り続けたかった。

ある日、兄貴が聞いてきた。

「孝はどうしたいと思ってるんだ」

その一言を待ってたんだ！

だから、こう言った。

「豊洲に行っても店を続けよう」って。

兄貴はずいぶん迷ったみたいだった。病気をして弱気になってたし、年も年だからね。

私より二歳年上だから、引退してもおかしくない。

でも最後は続けることを決心してくれた。

うれしかったね。

これでまた魚を売ることができる。四十年それだけで生きてきたんだ。今さら何もできやしないよ。やりたくもないし。

私は一生魚屋なんだから。魚屋の人生を全うするだけだ。そうすることで、芝専にかかわる人たちに幸せになってもらいたいと思っている。

でも築地がなくなるのは悲しいね。

私は築地とともに生きてきたから。

こうした本を出そうと思ったのも、私の知ってる築地を伝えたかったからだ。外からじゃ分からない築地の世界、もうすぐなくなってしまう築地の世界をね。

ありがとよ築地

魚河岸と生きた四十年◉目次

第一章　私と築地

第二章　おじいさんと築地

第三章　築地を離れて

第四章　神勝時代

第五章　芝専とともに生きる

〔扉写真〕編集部

◉装丁――――奥定泰之
◉カバー写真――福田和也

第一章
私と築地

築地魚市場はこんな所

築地市場は、都内に十一ある東京都中央卸売市場のなかでもいちばん古い歴史を持っている、水産物、青果物を扱う総合市場だ。

魚市場には一日中絶え間なく、魚がトラックで運ばれてくる。一日に出入りするトラックは八百台以上だ。

日本全国はもちろんのこと。北米、南米、アジア諸国、ロシア、北欧、そしてアフリカからも……一日に扱う水産物は五百種類にのぼり、取扱う量は約二千トン、額にして十八億円。世界最大級の取扱い規模を誇っている。

市場は二十四時間稼動し続け、連日五万人もの人間が出入りする。

なんて、数字ばかり並べられても、ぴんとこないよね。

五百種類の魚って、どれだけ多いのか、二千トンって、どれくらい重いのか分からないだろうし、十八億円の現金なんて一生のうちに見ることもないだろう。

ただ一度でも築地の場内を、それも取引が行われている時間帯に訪れた人は、その魚の種類と量に驚くだろうね。

せりを見た人なら、訳の分からない符丁《ふちょう》のやりとりに目を丸くすることだろう。

これだけハイテクが進んだ現代において、築地はいまだに人間と人間が直にぶつかり合い、同時に結びつき合っている場所なんだ。

またプロたちの場所でもある。

そうした空気を、築地の中で働いている私は日々、肌で感じている。

ただ思うのだけれど、築地というのは見る人によって、違った姿を見せているのではないだろうか。

荷主が見る築地、仲卸（仲買人）が見る築地、買出し人が見る築地、観光客が見る築地はそれぞれ違うだろうし、見る人の年代や育ってきた環境によっても違ってくるだろう。

私は四十年間、築地の中で仲卸として働いてきた。

私の知る築地は仲卸の目から見た築地だ。

それが一体どんな築地なのか、それをこれからお伝えしたいと思う。

仲卸と聞いて、どんな仕事なのか分かる人は少ないと思うので、まずはその説明から始めよう。

築地市場内では売買参加権のない業者は商売ができないようになっている。この参加権を持っているのが、魚の持ち主である荷主、その魚を引き受けて売る卸売業者、我々仲卸、それに売買参加者だ。

売買参加者については後で説明するとして、まずは魚の流れから。

荷主が運んできた魚はまず卸売業者に引き取られる。

だいたいの荷主は自分の魚を任せる卸売業者を一社決めているけれど、中には分け荷といって数社と取引している荷主もいる。

そもそも荷主って何？　魚を運んでくるってことは漁師さん？　って思うかもしれないけど、これが違うんだ。

船を持って漁をしている人たちは漁師だ。漁師で荷主になる人もいるけれど、少数だ。あげられた魚はまず港でせりにかけられ、浜仲買商が買う。この浜仲買商や漁業協同組合（漁協）が漁師の代わりに荷主になって、築地に魚を運んでくるというわけだ。

卸が荷主に魚の水揚げ状況を問い合わせて、いくらで引き取ると指示することもあるけど、荷主のほうからあらかじめ値段を指定して築地に送る場合もある。

浜によってせりの時間はまちまちだが、卸は入荷の予定を前日に仲卸、スーパー、量販店にＦＡＸやメールで知らせておく。

卸も各社競争がある。量をたくさん引き取る、高値で買うなどして、できるだけいい魚を仕入れたい。荷主にとってはもちろん高値で買ってくれる卸が有難いが、量の問題や人と人とのつながりの問題もあるので、微妙なところだ。

そして荷主から卸売業者に引き取られた魚が仲卸に売られる。仲卸が買った魚を今度は、小売り業者に売る、というわけだ。

仲卸の仕事はまず、卸売業者から魚を買うところから始まる。魚を買わなければ、魚を売ることができないからね。

昔は水産物の全てがせりにかけられていたから、買うのに時間がかかった。しかも百個単位とか、それくらいまとまった量じゃないと買えなかった。当時は四時半くらいから、まちまちの時間でせりが行われて、七時くらいまでかかった。それから店に並べて、小売り商の人たちに売っていたんだ。

もちろん今もせりをしているけれど、卸から直接、相対《あいたい》で一個、二個単位で買うこともできるようになった。

「先取り」という制度もできて、ある決められた量と等級の品をせりの前に買って、持っていってもいいということになった。

しかも大手のスーパーなどは、仲卸を通さず、直接卸から魚を買えるようにもなっている。

彼らのことを売買参加者というんだ。

卸から購入した水産物を市場外で使用、販売する、スーパーマーケットチェーンや病院・基地内の食料品店、食品加工者といった大口ユーザーのことだね。

こうしたユーザーが扱う魚は大量だ。スーパーマーケットだったら、加工センターで処理をして、それから各店舗に送り、その日の開店時間、遅くとも主婦が夕飯の買い出しをする午後の時間帯に間に合わせたい。

そうしたニーズに応えたのが、「先取り」だ。

だから、今、ほとんどのスーパーは、夜中に来て卸から直接魚を仕入れて、持っていく。もっともその特権の見返りとして、その日の取引価格の最高値を支払わなければならない。

つまり、夜中に魚を買って持っていくんだけれど、その価格が決定されるのは、その日の取引が全て終了してから、ということ。

だって、大手スーパーに夜中に安い値段で大量に魚を買われていったら、小売りの魚屋さんは立ちいかなくなってしまうからね。

最高値を払うにしたって、夜中に直接卸から買っていけるんだから、流通システムの大変革だ。

今でも仲卸を通すスーパーもある。その方が品質が安定するし、もしも仕入れた魚に何か問題が生じたときは、仲卸が対処してくれるからね。

私が芝専に入った四十年前は、芝専にも大手スーパーなどのお客さんがついていて、「それじゃあうちも」と、さらに大口のお客さんが増えて、町の魚屋さんへの対応が難しくなった時期もあったくらいだ。

大口でどんどん量を買っていくスーパーのバイヤーさんばっかりで、普通の魚屋さん、料理屋さんは近寄り難くなっちゃったんだな。

だけど、大口のお客さんをとるって大変なことなんだよ。築地は人情の残る場所だけど、人情だけじゃ、ものごとは動かない。

そういう大手スーパーの仕入れを引き受けるために、芝専はスーパーの株を買っていたんだ。

一度買ったら、絶対に売ってはいけないって言われていたんだから、大変だ。

その当時は、それだけの資金がない仲卸はスーパーの仕事を取れなかったっていうことだね。

大口のお客さんを持っていない仲卸の店の主人が芝専の店先で、「これじゃあ、仲卸の販売能力なんていらねえじゃねえか」って、呟《つぶや》いていたのを覚えてるよ。

大手スーパーのバイヤーさんの趣味につき合わないと、取引ができない、っていう話もあった。そういう個人的なことがからんでくるんだ。

まあこういうことはどの世界にもあることなんだろうけど。

資金繰りの大変な仲卸は卸会社に協力してもらい、延払《のべばら》いにしてもらっているところもある。相互関係があってこそ、できることだ。

仲卸にとって、仕入れは命だ。

芝専のお客さんを満足させられるような魚を仕入れるために、私は午前二時半に店に入ると、卸全七社のうち主要五社をくまなく回る。そうやって、少しでも安くて新鮮な魚を仕入れる。全ては自分の目が頼りだ。

毎日顔を出していると、卸のほうでも魚を確保しておいてくれる。無理を言ってまけてもらうこともあれば、向こうが提示した売値よりも高く買うこともある。

せり場の入荷状況や季節によって、店に並べる魚は違ってくるから、その都度イメージをつくって買っていく。

芝専は今、どんな魚を置いているのか、卸の人にイメージを持ってもらえるようになれば、仕入れはかなりうまくいく。

ただ、いい魚を見つけても値段が折り合わないときもあるから難しいね。「味の違いは値段の違い」とは、よく言ったものだ。

前の日に、こういう魚がほしいと、注文を入れておくこともある。

せりで魚を落とすこともある。

せり落とした魚は、配達員の人がターレで運んできてくれる。

ターレって略して呼ばれているターレットトラックも築地の名物の一つだ。

見たことがない人のために説明すると、円筒形の動力部が回転して動く運搬車のこと。最高でも、時速十五キロくらいしか出ないんだけど、市場のあちこちをひっきりなしに走り回ってるから、気をつけないと危ない。慣れない見学者だけじゃなく、市場関係者が轢《ひ》かれることもしょっちゅうある。

この車を運転するには小型の特殊免許が必要だ。もっとも普通免許を持っていれば、運転することができる。

普通せりが行われている時間帯は見学者お断りなんだけど、マグロのせりだけは見学できるから、一度見てみると、いいよ。

マグロがどれだけでかい魚なのかが分かるし、せり自体見ていて面白いよ。

築地は扱う魚の種類も量も多いんだけど、昔に比べると、どっちもかなり少なくなったね。ここ五年ほどでますます少なくなった。

種類だけでいったら、私が働き始めた四十年前に比べると、今は半分くらいじゃないかな。

原因は、温暖化で、かつて近海で獲れていた魚が北にいってしまったっていう説がある。もう一つは、日本人よりも中国人のほうが魚を食べるので、魚が中国の市場に流れてしまっているという説がある。

確かに最近の日本人の魚離れは深刻だと思うよ。

魚の料理って、基本的に面倒臭いでしょう。魚を三枚におろせるお母さん、少ないんじゃないのかな。

だからスーパーも町の魚屋も、魚をお客さんの希望に合わせて三枚におろしたり、刺身用に切ってパック詰めにして売っている。焼いたり、煮たり加工して売っているものもある。そうしないと売れないいんだ。

昔は親が子どもに魚の食べ方を教えたけど、今はうまく魚を食べられない親もいるからね。日本の食卓における魚文化がどんどんなくなってる。

国内市場に陰りが見えてきたから、最近は仲卸も海外への輸出に積極的になっている。

この間は仲卸業者の主催で、ベトナムの市場関係者の人たちを招いた。

ベトナムの人たちに鮮度管理のノウハウを教えたり、寿司を食べてもらったりして、日本の魚になじんでもらい、買ってもらおうという寸法だ。

ベトナムは生の魚を食べる習慣がないらしいんだけど、みんなうまそうに寿司を食べてたよ。うまい魚の味は食べなれていなくても分かるものなのかね。

これはあとで詳《くわ》しく書くけど、実は私は三十年間、芝専を離れていたんだ。といっても築地にいなかったわけじゃなくて、ある事情があって、別の仲卸の店で働いていた。

そのとき、自分で海外輸出を始めたんだよ。仲卸の中ではいちばん早かったと思う。

養殖のカンパチ、ハマチ、シマアジ、タイ、貝類は白ミル、アカガイ、ホタテ、アワビ、ホッキ、アオヤギなんかを扱ってた。

魚は全て鰓《えら》をとって、腹ワタを抜いて、血合いをきれいに取り除いて、エアパッキングで丁寧《ていねい》に包み、氷を入れた発泡スチロールの箱に梱包《こんぽう》して発送した。

一九八〇年代のはじめの頃で、主な輸出先はシンガポールやマレーシアだった。

多分海外赴任《ふにん》している日本人が食べていたんだと思うけどね。

それと関連して思い出したけど、その頃、手繰りのせり場には、今ではほとんど見られなくなった、ニュージーランド産の、タイ、シマアジ、済州島から来た木箱からはみだすほど大きい、十キロ超のアンコウやヒラメが並んでいたっけ。

それから昔に比べると、養殖の魚が増えたね。

私が築地で働き始めた一九七〇年代の初めは養殖技術がまだまだ進んでいなくて、味が悪かった。

今みたいに活け締めはなく野締めで、下に氷を敷いて入荷されてきたから、鮮度が悪く、身はすぐにゆるくなってしまった。

ちなみに活け締めというのは、市場で活きた魚を締めること。頭部あるいはエラ下、それから尾に包丁を入れ、針金を脊髄《せきずい》に刺して神経を抜く。野締めは、浜で直前まで海水に浸しておいた魚を引き上げて、一気に氷で冷やして締めること。一度に大量に締めることができるけれど、浜から魚河岸まで運ばれくる間に鮮度が落ちてしまう。

昔の養殖のハマチやタイなんて脂臭《あぶら》いわ、生臭いわで、食べられたものじゃなかった。だから、あんまり売れなかった。

ところが今じゃ、養殖ものもうまくなったからね。エサから改良したっていうんだから、生産者の努力の結晶だ。天然に比べて脂がのってるから、うまく感じるってこともある。それに値段が安定しているから、消費者も買いやすいんだろうな。養殖の魚を買う頻度《ひんど》が増えて、味になじんでくるから、養殖のほうがうまく感じるようになっちゃう。

今でも養殖は絶対に扱わないっていう寿司屋があるね。シマアジだって天然は養殖の三倍はする。高い寿司屋は天然にこだわっている店だと思っていいだろう。

もっとも大衆的な寿司屋でも、回転寿司でも、天然を出すところもあるんだよ。ただ、かなり薄く切ってる。それで一貫あたりの単価を低く抑えているんだな。

ある寿司屋の主人が言ってたけど、店の雰囲気《ふんいき》はお客さんが寿司を食べているときの表情で決まるんだって。それから寿司職人とお客さんとのやりとりね。お客さんが満足のいく寿司を出して、コミュニケーションがうまくいっている店は、いい雰囲気になるってこと。

魚料理も変わったよね。

カルパッチョってあるでしょ。マグロやカツオや白身魚を薄く切って、オリーブオイルをかけて食べる料理。私はあれが大嫌い。

だって鮮度のいい魚にオリーブオイルなんかかける必要ない。そのまま刺身で食べるほうが断然うまい。食べ方の好みは人それぞれだけどね。

鮮度のよくない魚だから、オリーブオイルをかけてごまかすんだ。

そもそもカルパッチョっていうのは、生の牛肉に下ろしたチーズとマヨネーズソースをかけた、イタリア料理のことをいうんだろう。聞きかじりだけど、カルパッチョっていうイタリアの画家が生肉をそうやって食べるのを好んだから、そういう名前がついたっていうじゃないか。

魚のカルパッチョは日本人が考え出した料理なんだってね。

とにかく私はカルパッチョが嫌い。かみさんには一度も作らせたことがない。

初めての築地

私が初めて築地を訪れたのは、小学校三年生のときだった。双子の兄のまーちゃんと一緒に、おやじが連れていってくれたんだ。

当時、おやじは東都水産《とうとすいさん》に勤めていた。

おじいさんは「職場に女、子供を連れていくものじゃない」って考えだったから、それまで築地の話を聞いたことはあったけれど、実際に行ったことはなかった。

どうしておやじが連れていってくれることになったのか、そのいきさつは忘れてしまったけど、「今度の日曜日に築地に連れていってやるぞ」って言われて、まーちゃんと一緒に喜んだことだけは覚えてる。

当日は、三人でタクシーに乗って築地に行った。築地といっても、市場じゃなくて、おやじの勤める会社だった。建物自体は今も同じで、せり場の上にある。ちょっとがっかりだったけれど、おやじの会社の窓から望遠鏡で勝鬨橋《かちどきばし》を見たりして、ものめずらしかったね。

二度目に築地を訪れたとき、私は大学生になっていた。夏休みに兄貴の車を借りて運転していたら、誤ってガードレールにぶつけちゃって、その修理代を稼ぐために、芝専でバイトをしたんだ。

このとき、おやじは東都水産を辞めて、芝専に入っていた。休み時間には私を「豊ちゃん」に連れていってくれよ。道すがら、いろんな人から声をかけられる親父を見て、頼もしいなあと思ったもんだ。

「豊ちゃん」は、場内にある洋食屋で、大正八年創業の老舗だ。人気店で、その頃でも昼時になると、行列ができていた。フライもカレーもかつ丼も、ご飯の上にオムレツをのせた名物「のっけ」も、みんなおいしくて夢中になって食べた。

昨年八月、豊ちゃんはいったん店を閉めたけど、翌月から店主が変わって再開された。今でも豊ちゃんに行く度におやじと一緒に店に行ったときのことを思い出すよ。

豊洲の移転を機に辞めようかどうしようか迷っている仲卸の店も多い。後継者がいない、従業員の老齢化問題、健康、金銭……店によってそれぞれ理由があって、相談を受けることもあるけれど、店の経営がうまくいかなくて先が見えないんだったら、辞めればいいいんだ。

「うちもいろいろ大変だけど、やっぱり魚屋の仕事は続けたいし」なんてこと言われても、私にはどうすることもできない。

別にしがみつくことはないと思うよ。

さて、話を戻そう。

私の仕事は、学生のバイトだから、仕事とはいえない仕事だったよ。

朝、おやじと兄貴と一緒に店に行って、電球をつけて、店出しの手伝いをした。魚を入れる容器のなかに塩水をつくるんだけど、それは隣で見ていただけ。塩分の濃度は重要だから、バイトなんかに任せられるわけがない。

よしずをほどいて各位置に容器を並べるのを覚えさせてもらい、後はお客さんに買っていただいた魚に茶屋札を帖る。

茶屋札っていうのは、店名が印刷された札で、そこに買ってくださったお客さんの名前と配達する配送センターの番号、あるいは指定された場所を書き入れるの。

あとは氷を取りに行ったり、ゴミを出したり。

その頃はまだゴミの分別はそれほど厳密にはされていなかったんだけど、今は普通のゴミの分別と同じで、燃えるゴミ、燃えないゴミ、プラスチックのゴミに分ける。燃えるゴミは魚のあらと他のものとで分ける。それぞれをゴミ袋に入れて、店の名前を書いたシートを貼って、出す。

ふぐのアラは特別で、解毒所に出したり、決められた処理をしなければならない。

いちばん大変な仕事は、お客さんの名前を覚えることだったね。

大学生だから、隣近所の店の人たちによくからかわれた。でも昼になると、いろいろな魚を食べさせてくれて、その魚がうまかった。

芝専で作ってもらった味噌汁は最高だったね。魚の厚い切り身を入れるから出汁《だし》はよく出るし。それにネギをいっぱい入れて、お客さんと一緒に食べたっけ。

初めての仲卸体験は、疲れたけど、楽しかったね。働いている人たちみんな、築地という場所が好きなんだなあと思った。

とはいえ、芝専はおやじが継ぐものと思っていたし、いちばん上の眞一兄貴がいたから、よもや自分が大学在学中に芝専に入ることになるなんて、このときは思いもしなかった。

生まれ育った門前仲町

私は昭和二十八年六月十一日、門前仲町で生まれた。

家族はおじいさん、おばあさん、おやじ、おふくろ、姉貴、兄貴、双子の兄と私の八人。つまり、私は末っ子だったってこと。

育ったのも門前仲町で、いまだかつて、ここ以外の町に住んだことがない。

そもそも門前仲町はおばあさんの実家があったところで、おじいさんはおばあさんと結婚して、この町に家を持った。

おやじは家族一緒におじいさんの家に同居してたから、私は生まれたときから、おじいさん、おばあさんと生活をともにしていた。

家の近くの文教《ぶんきょう》幼稚園と江東区立の数矢《かずや》小学校に通った。

この小学校は大正二年開校で、歴史が古くてね。おばあさんもおやじもこの小学校に通ったんだ。平成二十四年に、めでたく開校百周年を迎えた。私の娘と孫も通っているから、親子五代で通っていることになる。

小学生の頃はまだ東西線が開通していなくて、都電とバスが私たちの足だった。それにまだ木場《きば》の材木商も羽振《はぶ》りがよかったから、材木を運ぶ馬が道を闊歩《かっぽ》してた。馬糞《ばふん》が臭かったよ。

同級生の家が材木商だったけど、木場にとてつもなく大きな家を持っていた。子供の頃はよく分からなかったけど、材木商の妾宅《しょうたく》も門前仲町にはたくさんあったらしい。

芸者さんもたくさんいて見番《けんばん》もあった。昼間道を歩いていると、あちこちから三味線《しゃみせん》の音が聞こえてきた。その三味線の音を聞きながら、私は友達と路上でビー玉をして遊んだんだ。

かくれんぼをして、芸者さんの袖《そで》の後ろに隠れたこともあった。着物に焚《た》き込まれた甘い香りは今でも覚えてる。

だけど、遊びといったら、三角ベース。小学校も高学年になると、それは野球に変わった。

学校帰りにもんじゃ焼きを食べるのも楽しみだった。当時、十円で食べられたんじゃなかったかな。金をもっているやつが、ソーセージなんかをトッピングしてくれた。

その頃、数矢小学校のＰＴＡの会長は材木商の親方が務めることが度々あって、ＰＴＡの会合の後の宴会には芸者をあげてたっていうんだから、豪勢だよね。

今では門前仲町にも高層マンションが建つようになったけど、私の子供の頃は高いビルなんて、一つもなかった。

最初に建った高いビルはたしか、牡丹町《ぼたんちょう》のうどん屋さんのビルだった。

そのビルのおやじさんには、風呂屋でよくジュースをおごってもらった。背中を流すお駄賃としてね。

さえぎるものがないから、家の窓から、東京タワーや神宮《じんぐう》球場のライトが見えた。窓を開けるといい風が入って涼しかった。クーラーなんてまだまだ普及してない時代だったけど、自然の風で十分涼しかったよ。夏の夜は窓を開けて寝てたね。

昼間は、豆腐とかアサリとかを売りにきて、のんびりしたいい時代だった。

夏休みには豆腐屋からしぼり汁をもらってきて、それで床や階段を磨くのが、私とまーちゃんの仕事だった。

紙芝居屋《かみしばいや》のおじさんを家の裏の空き地に連れてきて、紙芝居をやってもらったこともあった。

あの頃の空は今よりもずっと広かったなあ。

門前仲町の大きな特徴はその名の通り、門前町ということだろう。

富岡八幡宮《とみおかはちまんぐう》と成田山《なりたさん》の東京別院、深川不動堂《ふかがわふどうどう》があるでしょう。

毎月一日、十五日、二十八日は富岡八幡宮の月次祭なの。神恩感謝と氏子《うじこ》崇敬者の繁栄を祈る祭礼で、八幡宮の神職の方々はみんな浄衣《じょうい》を着て奉仕をする。一般の人も参加できるんだよ。

この日は永代通りと深川不動の参道に縁日が立つ。

綿飴、焼きそば、お好み焼き、杏飴、ベビーカステラ……コンビニなんかまだない時代でしょ、縁日の時に出る屋台で食べ物を買うのが楽しみだった。

今、お不動様の参道で杏飴を売っているおばさんは私が子供の頃からずーっと杏飴を売り続けてる。もう七十を超えてるんじゃないかな。

昔からきれいな人だったけど、今でもべっぴんさんだよ。時代が変わっても、いつも子供たちに慕われているっていうんだから、すごいよね。家族のことや恋愛のことで、悩み相談をする子供もいるらしい。だけど、子供のしつけには厳しいんだよ。

私もおばさんの顔を見ると、ほっとする。きっと人柄なんだね。

そもそもはおばさんの両親がこの杏飴の店を開いた。二人とも福井県の出身で結婚して東京に出てきて、訳ありでこの世界に入ったらしいね。

おばさんは長女だったから、家業を継いだんだな。その頃はいちばん上の子供が商売を継ぐのが当たり前とされていたからね。

お母さんと妹さんは味噌おでんの屋台をやってて、これもまたうまかった。

妹さんが亡くなったって聞いたのは何年前だったかな。おばさんには百歳までで〔で〕も、頑張って杏飴を売り続けてほしいと思う。

金魚すくいもやったし、ひよこも買った。両方とも飼ったことはあるけど、すぐに死んじゃった。正月には特別に雷魚《らいぎょ》釣りが出て、これが面白かった。

雷魚に食いつかれたら、指をちぎり取られるって聞いてたから、そりゃあもうスリル満点。うまくひっかけても大暴れするから大変だった。

永代通り沿いには植木屋がずらっと並んだ。おじいさんは植木が好きだったから、よく一緒に見に行った。

見世物小屋も出た。まーちゃんと一緒におっかなびっくり入ったもんだった。

へび使いのおじさんが自分の手首にへびを食いつかせて、そこからぼたぼた血がしたたり落ちたときは、衝撃だった。子どもだったからね。

正五九って知っているかな。

一月、五月、九月の二十八日にお不動様にお参りすると、一年間ずっとお参りをしたことになる。今でもこの月の二十八日は混雑するよ。みんなそういうことを知ってるんだね。もっとも、おじいさん、おばあさんが多いけどね。

そうそう、私が小学生の頃、粘土屋《ねんどや》のおじさんっていうのがいてね。数矢小学校の西側に「お富士さん」って呼ばれる数矢の山があって、山の頂上で店を広げていた。

おじさんから買った粘土を鉄人28号とか、動物とか、いろいろな型に入れるのね。それに粉の塗料を塗って、おじさんに見せると、点数をつけてくれるんだ。

ところが、いい点とるのは、いつもお金持ちの家の子たちなの。どうしてかっていうと、そういう子は、金とか銀とか特別な塗料を買えるから、作品が豪華になるわけ。子供心に、金持ちは得だって思ったよ。

私は姉、兄、双子の兄の四人兄弟だから、家はいつも賑やかだったね。家のご飯は天ぷらが多かった。おばあさんは昔、惣菜屋《そうざいや》をやってたから、揚げ方がうまくてね。

昼過ぎから下ごしらえを始めて、いくつものバットに、キス、メゴチ、エビ、アナゴ、イカ、野菜はニンジン、インゲン、レンコン、シイタケなんかが用意された。午後二時くらいから揚げ始めるのよ。それはもう山のような天ぷらだった。

芝山の家ではまず、男と子供が食事をすることに決まっていた。

おやじは酒を飲んだけど、おじいさんは酒を飲まなかった。丁稚奉公で育った人だからね。酒、女、博打《ばくち》はご法度《はっと》を信条にしてきたんだそうだ。

それで、男と子供が食べ終えた後に、おばあさんとおふくろが食べるんだ。

年末は特別にうまい物が食べられた。

この時期、築地は正月商品が勢ぞろいするから、忙しさも半端じゃない。

大人たちは三十日の夜までめいっぱい働く。

大晦日《おおみそか》は朝から、男たちは掃除、女たちは料理。夕方六時頃から夕ご飯が始まるんだけど、これが豪勢でね。築地から持ってきたばかりの新鮮なタイ、伊勢エビ、マグロ、ブリの刺身がずらっと並んで、半日早く正月が始まったみたいだった。

その時間には、鏡餅《かがみもち》の前に伊勢エビがお供えもされていた。

それから除夜の鐘を聞きながら年越し蕎麦《そば》を食べて、富岡八幡宮に年夜参りに行く。家に戻ってちょっと寝ると、もう元旦だ。

雑煮の用意ができていて、重箱にはお節《せち》がぎっしり。正月のかまぼこは最高級の鱈《たら》を使ったものだから、味が違ったね。卵料理だって、錦卵《にしきたまご》、だし巻卵、だて巻と種類がたくさんあって、食べごたえがあった。みんな築地でそろえたものだ。

老舗弁当屋「弁松《べんまつ》」も芝専のなじみのお客さんだったから、弁松の折詰もあった。

まずは家族全員で神棚に手を合わせて、食事を始める。お節を食べながら、普段はお酒を飲まないおじいさんもお屠蘇《とそ》を飲んで、顔を真っ赤にしていたっけ。正月のテレビを見たり、昔からの友人、親戚、近所の人が新年の挨拶《あいさつ》に来ると相手をしたりしていた。

翌二日は、おじいさんはお客さんのところに挨拶に行くんだ。

東中野《ひがしなかの》の日本閣《にほんかく》っていう大きな結婚式場は大得意だったから、そこには必ず顔を出してたね。大切なお客さんだったんだ。

お客さんのところに行くときには手ぬぐいを持っていくんだけど、それは家族全員で作った。反物《たんもの》に和バサミを入れて、決められた大きさに切って、それを「芝専」の名前が入ったお年賀用の袋に入れていった。

もの心ついた頃から、自分の家が築地で仲卸の仕事をしているってことは知っていた。芝専っていうのは、おじいさんがつくった立派な店なんだっていう意識を持っていたし、そのことを誇りにも思っていた。

それは今でも変わらないね。

おじいさん、おばあさん、おやじ、おふくろからの遺産だと思ってる。

こうして私は芝専に入社した

芝山の家はとにかく長男が優先だった。食事も風呂も長男が母親よりも先だ。長男だけは布団の上げ下ろしもしてもらうから、多分いちばん上の眞一兄貴はこれまでの生涯、布団の上げ下ろしって、したことがないんじゃないかな。

結婚するまでは母親がやってくれて、結婚してからはかみさんがやってくれてたからね。

店を継ぐのも、もちろん長男。

だけどおやじは終戦後、日本に戻ってすぐ芝専に入ることができなかった。統制が行われていたからだ。

それで、卸会社の東都水産に入社して、二十五年間はそこに勤めていた。

だけど、おじいさんが引退を考えるようになって、やっぱり店を継がせるのは長男だということで、おやじは昭和四十八年に会社を辞めて芝専に入社した。

おじいさん引退後はおやじが芝専の社長になることが決まっていたんだ。

そしてその後は、おやじの長男の眞一が継ぐわけだから、私は芝専に入る気は、これっぽちもなかった。

ところが、おやじが、芝専に入って一年もたたない昭和四十九年二月七日、肝硬変《かんこうへん》で亡くなってしまった。五十二歳だった。

その年の一月十一日に入院したので、私は毎日見舞いに行って様子を見ていたけど、容態はいっこうによくならず、どんどん顔色が悪くなっていくのが心配だった。

大学時代の友人に話すと、「これを使って」と血液型B型の献血カードを持ってきてくれた。有難かったね。

病室を出た私を医者が手招きして、「難しいね」って言ったときにはまだぴんとこなかったけど、入院して一週間がたって、家に帰ると、おじいさんとおばあさんが電気のついてない茶の間に座ってるの。

「どうしたの？　おやじの調子がよくないの？」って聞いたら、おじいさんが、「孝、厚ちゃんはもうだめらしいよ」って、言ったんだ。

その日、医者から「これから一か月もつかどうか分かりません」と宣告されたということだった。

おじいさんとおばあさんも泣いてはいなかったけど、茫然《ぼうぜん》として、生気を抜かれた人みたいだった。

二月六日の夕方、おやじは血を吐いて苦しみ始めた。私とおふくろで体を支えたけれど、本当に苦しそうで、見ているだけで辛かった。

たまたまその日、網走《あばしり》から見舞いに来てくれたおやじの友人で、水産会社の社長さんが「身体から手をはなしちゃだめだよ」って私に言いながら、おやじの足をさすり続けてくれた。お別れの時だってことが分かったんだろうな。

日付が変わって間もなく、おやじは逝《い》ってしまった。

小雪のちらつく中を、おやじの遺体を乗せた搬送車は御茶《おちゃ》ノ水《みず》の病院から門前仲町へ向かった。遺体に寄り添いながら窓から眺めたあの雪景色は今でも忘れられない。

おやじは病室で私に、「誰とでも話せる男になれ」と言った。誰とでもコミュニケーションをとれるような度量の大きな男になれ、ということだ。

私はその言葉を今でも宝にしている。

おじいさんはその年に引退をするつもりでいたんだけど、引退は延期されることになった。

結局昭和五十年まで店に出ていて、引退してからも社長の座を退かなかった。

次男の昇《のぼる》おじさんが芝専の社長になったのは、昭和六十二年におじいさんが亡くなってからだった。

昇おじさんには子供がいなかったから、おじさんの後を継ぐのは私の兄の眞一と決まっていた。兄貴はおやじが芝専に入るよりも前の、昭和四十五年に芝専に入っているんだ。

おやじが死んだとはいえ、兄貴がいるから、私はやっぱり芝専に入るつもりはなかった。だからちゃんと就職活動をした。

内定もとってたんだよ。

信用金庫と旅行会社。

銀行に行くことを決めていたんだけど、今は行かなくてよかったと思ってる。多分、私にはサラリーマンは勤めきれなくて、途中で辞めてたんじゃないかな。

でもとにかくそのときは、春からは銀行マンになるつもりでいたんだ。

ところがさ、大学四年の九月だったかな。自分の部屋で寝ていたら、おじいさんが部屋に入ってきて、「孝、話があるから、ちょっと来い」って言うんだよ。

着替えて茶の間に行ったら、おじいさん一人正座しててね。

「お前どうするんだ?」って、いきなり聞くんだよ。

「どうするって、何が?」って逆に聞いたら、「芝専だよ。兄ちゃん一人で大変だから、お前も河岸に出ろ」っていきなり言い出してさ。

「だって、就職も決まってるし」って言っても、「悪いけど、そっちは断って、芝専を手伝ってくれ」って頭まで下げるんだ。驚いたね。

だけど、おじいさんが店の心配をする気持ちもよく分かった。

兄貴が大変だと思ったんだろうね。何しろ、昇おじさんに恒雄《つねお》おじさんっていう、男盛り、仕事盛りの二人に兄貴ははさまれてたわけだから。

「だけど、僕まで入ったら、いっそうごたごたするんじゃないの。こういう性格だしさ。親戚同士でもめるの、いやだよ」って言ったんだ。

　そしたら、おじいさんが「俺の目の黒いうちは、そういうことはさせない」って断言して、「だから、頼む」って、また頭を下げた。

「だったら、すぐに芝専に入るんじゃなくて、他の店に修業に行かせて」と言ったら、「お前くらいの歳になってからの修業は無理だから、うちの番頭に仕込んでもらう」と、真剣な顔で言われた。

　おじいさんにそこまで言われたら、私も「それじゃあ、やるか」って気持ちになった。芝専を起こして、立派な店にしたおじいさんのことは心の底から尊敬していたからね。自分が芝専の役に立てるのなら、それもいいって思ったんだ。

　それで、承知したら、おじいさんの悦《よろこ》んだこと、悦んだこと。

そんなおじいさんを見ていて、私も嬉しかったね。

で、いきなり、日本大学四年に在学中の十一月から芝専で働き始めることになった。

その頃は大学もそんなに授業はなくて暇だったからね。学生運動のあおりで試験がなくなって、レポートを提出すれば卒業できたんだ。

緊張の築地デビュー

芝専に出た初日から、おじいさんに築地の卸のおえらいさんのところに連れて行かれた。

「今度、芝専に入社した、孫の孝です」って、おじいさんが私を紹介して、私は、「よろしくお願いします。よろしくお願いします」って、ただ頭を下げて回った。

その後、おじいさんは一線を退いて、築地には顔を出さなくなった。

仕事はきつかったね。

午前一時ってことはなかったけど、三時に起きて、兄貴が運転する車で、昇おじさんと一緒に私は築地に通った。

ぺーぺーだからね。まずは店出しの準備が仕事だった。

昨晩洗ってきれいにしておいたダンベ（木箱の中にブリキの器を取り付けた容れ物）の中に塩水を作り、氷を入れる。そこにせりで仕入れてきた魚を入れる。魚が少ないときなんかは余裕があるから、場内のラーメン屋に食べに行った。若いから、スタミナが必要だったんだ。

まだ学生気分が抜けないから、何をやっても、的外れ。お客さんに一万円渡されて、「ちょっとパンと飲み物を買ってきて」って言われて、九千七百五十円分を買って戻ったら、怒鳴られた。

「お前、常識で考えろ。一人でこんなに食えるか」ってね。でも目が笑ってた。周りの人たちが悦んだ、悦んだ。

午前四時くらいからお客さんが来始めるでしょう。でも魚の名前も知らないし、お客さんの名前も知らない。店にやってくるお客さんと店の人のやりとりを見て、お客さんの名前を覚えていった。

魚の名前は先輩のひろちゃんこと神原宏《かんばらひろし》さんに教えてもらった。

ひろちゃんは、十五歳で茨城の古河《こが》から東京に出てきて、住み込みで芝専で働いて、店を支えてくれた功労者だ。

私が初めてひろちゃんに会ったのは小学生のときで、その頃から門前仲町の家に一緒に住んでいたから、よく遊んでもらった。

この頃、芝専が主に扱ったのは「近海物」だった。

中でもとくにお客さんに頼りにされていのは白身で、タイ、オナガ、メダイ、ヒラサ、アコウダイ、青ダイ、スズキなど。小物は一貫づけのマコガレイ、アジ、サバ、イワシ、鮮魚のカツオ、メジマグロにイカ各種。

お客さんは寿司屋が多い時代だったから、寿司屋のケースに並ぶ旬《しゅん》の魚を揃えていた。ひろちゃんは、季節季節の旬の魚について知っているのはもちろんのこと、旬でなくとも旨《うま》い魚を選んで買い付けてきた。とくに得意だったのが、タイ、ヒラメ、オナガ、アコウ、カツオ、メダイ、オゴダイ、青ダイ、アジ、サバ、イワシ。そうした魚の見分け方はおじいさんに習ったということだった。

よく働く人で河岸を休んだことは一日もなく、寝坊したことすらなかった。

せりに行くひろちゃんについていって、せりの仕方を教えてもらった。せりに出される魚は下付けといって番号と情報が書かれた札が貼ってあるんだけど、それを見ながら、魚の種類、大きさ、産地を覚えさせられた。

その頃はまだ相対では買えなくて、全ての水産品がせりにかけられていた。せり場は場内に二十か所ほどあって、扱う商品によって区別されている。生マグロ、冷凍マグロ、鮮魚など。鮮魚はさらに、北海三陸、関東近海、関西、四国、九州、島ものと、産地によって分けられている。

各せり場には専門のせり人がいて、卸会社によって服の色が違う。

せりの仕方は対象物によって、様々だ。

例えばマグロは、陳列されている一本一本を見ながら、値付けをしていく。だけど、多くの人がイメージするせりというのは恐らく、せり人がせり立ち台に立って、向かい側のせり台にいる人たちがやりをつく（手で値段を示す）場面ではないだろうか。

せり人がせり番号を読み上げ、私たち仲卸やその他の入札者は下付けを見ながら、手で値段を呈示するんだ。

ときどき同じ値段をつけた者同士がジャンケンで決着をつけることもある。

私はこのジャンケンが弱くてね。勝ち三割、負け七割ってとこじゃないかな。相手が先輩だと、勝ちを譲ることもあったし。

はじめのうちは、せり人の言葉も、手やりも、全く分からなかった。とにかく場数を踏んで覚えるしかなかった。

私が最初に落とした魚はメヌケだった。

ある日、せりも終盤になった頃、ひろちゃんが、メヌケを落とすよう指示して、私にせり帽を渡して店に戻ってしまったんだ。

せり帽というのは、長方形のプラスチック製の許可書を留めた屋号の入った野球帽で、これを被っていないと、せりに参加できないのだ。

それぞれの店の人間が立つ定位置があって、芝専はせり人に向かっていちばん上の段の左端だった。

何しろ、せり人の読み上げは早い。やりをつくのが間に合わなかったらどうしようと、体がぶるぶると震えた。何とか落とせたときは、それはもう嬉しかったね。

周囲から見たら、ど素人《しろうと》丸出しだっただろう。プロか素人かは、せりの様子を見れば一目瞭然《いちもくりょうぜん》だ。

昇おじさんはさすがに年季が入っているから、かっこよかったね。目がつり上がって、表情は真剣そのもの。

この頃はスーパーの魚を扱っていたから、大量に仕入れなければならない。特売日用ともなると、普段よりももっと量が多くなる。

「そっくり」と言って、アジ、サバ、イワシなど数種類を全て二百〜三百尾、一人で買うんだから、せりが終わるまで気を抜けなかっただろうね。

魚は買った後の保管も重要なんだよ。種類によって樽《たる》の中の塩の濃度が違うの。その魚に合った濃度にしてやらないと、うろこがだめになったり、「星が入る」というんだけど、目が白く濁っちゃうの。

魚の正しい持ち方もあって、頭と尻尾《しっぽ》を持つ。胴を持つと、ひっぱたかれた。胴を触ると、手の温度で魚がだめになっちゃうんだ。

そういうことも、ひろちゃんに教えてもらった。

初めてついたお客さん

芝専のお客さんは寿司屋の他に、魚屋、料理屋、旅館、それに、おさめやさんだった。

おさめやさんっていうのは、仲卸から魚を買って、それを町の料理屋――大衆料理屋から高級フレンチまで――売る。店を持たないで、個人で動き回って商売をする人たちのこと。

おさめやさんは今でもいっぱいいる。昔より今のほうが増えたかもしれない。築地に足を運ぶ買出し人が減った分、おさめやさんが増えたんだ。

とにかく、魚を買いに来るのは、みんな魚のプロばっかりだよ。私のような素人が相手にできるような人たちじゃない。

しばらくは、ひろちゃんの後ろで見てただけ。

でもあるとき、ひろちゃんが「お前、前に出ろよ」って言って、私をお客さんと対させて、自分は後ろからフォローしてくれた。

初めはとにかく売るだけで精一杯で、仕入れたサザエを山積みにして売ったりしていたんだけど、そのうちにお客さんの顔を覚えて、いろいろ話もできるようになった。

そうすると、自分が売った魚が店頭でどう扱われているのが気になって、お客さんの魚屋を見に行ったり、寿司屋に寿司を食べに行くようになった。

ある日、私が両国《りょうごく》の「亀井鮨《かめいずし》」さんに売ったカツオの状態がよくないことがあった。店のおやじさんから電話があったので、すぐに代わりのカツオを持っていったんだけど、おやじさんの厳しい一言。

「代わりを持ってくればいいってもんじゃないぞ。代わりが届くあいだに、何組かのお客さんに嫌な思いをさせているんだからな。よく覚えておきな」

自分の売った魚がお客さんの、そのまたお客さんに届いたときの様子を想像できるようになったのが、前進の一歩だった。

そんなおやじさんだったからこそ、私のことをかわがってくれ、おじいさんとのやりとりの話を聞かせてくれたのだった。

最初に私をひいきにしてくれたお客さんは、おさめやさんだった。

お客さんがつくって嬉しいことだ。

そのおさめやさんは毎日来てくれて、「今日はどんな魚がいい?」って聞いてくれて、私が薦《すす》める魚を買ってくれて、それが仕事のやりがいにつながった。

ほとんど何も知らない新米だから、とにかく便利さやフットワークの軽さを強みにするしかなかった。

今日買ってくれても、何か不都合があれば翌日は来てくれないだろうと、顔を合わせるまで不安で仕方がなかった。

情熱だけは人一倍あったけど、未熟だった。

ひろちゃんなら簡単にやってしまう仕分けも、私にとっては大変な仕事だった。

何百本とあるアジを、表示された店名ごとに、十本、二十本、一キロ、二キロと仕分けして、茶屋札を貼っていく。

それが間違いなくできるようになると、イワシ、サバ、カレイ、カツオと任されるようになった。

そうした作業を通して、芝専が売っている魚の量がどれくらい多いのかを実感していった。アジのかけだしだけでも百キロを超える日があって、その日の仕分けはことさら大変だったけど、達成感も大きかった。

魚を買ってくれたお客さんのところに魚を届けるのは、清水康夫《しみずやすお》さんの役だった。清水のあんちゃんはひろちゃんと同年輩で、魚の目利きでもあったから、二人でよく魚の話をしていて、それを私は横から聞きながら勉強した。

あんちゃんは口が悪かったけど――築地の人はだいたい口が悪いんだけどね――、心の優しい人でいつも周囲への気配りを怠らなかった。

いちばん苦労したのは、魚の見立てだね。どの魚が活きがよくていい魚なのかなんて、初めは分かるはずがない。実は見るだけじゃ分からないんだよね。

魚を自分の五本の指で軽く触ることで、その魚の体の弾力が分かるようになる。それが魚体の持つ力なんだ。

でもさすがに魚に触ると怒られるから、こっそりやった。

そういうことも、ひろちゃんが教えてくれたけど、昇おじさんも指導してくれた。いい魚があると、触らせてくれた後で、身を切って「食え」って言うの。食感と味覚でいい魚を覚えさせたんだ。

今と比べると、重労働だったよ。ターレも少ないし、発泡スチロールの容れ物も少なかった。魚はたいてい木箱に入れて、それを小車（荷車）で運んだんだ。氷にしたって、木箱の中に入れた一貫のブロックを木槌《きづち》でたたいてくだいていたんだよ。

昔の面白い話があってね。まだ市場の中まで貨車が入っていた頃のこと。貨車が河岸に着くと、作業員がわざと魚を線路に落とすんだって。それを築地の場内で飲み屋をやっている人が拾って、商売するの。それで、その作業員は、その飲み屋に行って、ただで飲ませてもらう。出来レースだね。周囲もそれを知ってるから、何も言わない。

私はその現場を見たことはないけど、実際にあった話なんだよ。ある意味、いい時代の築地の人情だよね。

芝専が店を開けているのは午前十一時くらいまでだけど、それから帳面をつけたりするから、家に着くのはいつも午後一時くらいだった。

それから昼飯。

昼飯はおばあさんが作ってくれた。

他の芝専の従業員さんたちはみんな店で弁当を食べてたけど、家に帰って、ゆっくり食べたほうが、落ち着くからね。

それにおばあさんの料理がうまかったから、弁当屋の弁当を食べる気がしなかった。

贅沢《ぜいたく》だって思われるかもしれないけど、仕方がない。だって、煮魚なんて最高だったよ。あれは砂糖とみりんの量が決め手なの。素人だと、思い切ってそれだけの量を使えないのね。

しかし、朝からの立ち仕事はきつかった。

家に帰ると、足がぱんぱんに張ってるから、電話帳を足の下に敷いて、足を休ませた。

午後は、おじさんや兄貴は昼寝をしたけど、私は若い盛りだったから、そのまま映画を見に行ったり、麻雀《マージャン》をしに行ったりしたね。夏は海まで行って、泳いだりもしたよ。

ただ、夕食の時間には絶対に家に戻ってなくちゃいけなかった。

「翌日の仕事に差し障《さわ》る」って、おじいさんがうるさかったの。夕方の五時に全員そろって、夕食を食べるんだ。

私は夕食を食べてからまた遊びに出かけて、十時くらいに戻ってきて、それから午前三時くらいまで寝て、起きて、築地に仕事に行った。

土曜日は、昇おじさんが、私をパチンコ、サウナ、寿司屋のコースに連れていってくれた。楽しかったねえ。

二人でいるとき、おじさんはよく予科練《よかれん》の話をした。通信の音を読み取る方法なんかを詳しく教えてくれた。

私の給料は五万円で手取りは四万円くらいだった。

当時、一般企業に就職した大学の同級生が八万円だったから、「給料、もう少し上げてもらえないかな」って、おじさんに頼んだら、「お前はまだ修業中の身だから、金がもらえるだけ幸せだと思え．教授料としてこっちがもらいたいくらいだ」って言われた。

たしかに、料理屋さんの板前さんは、修業中はほとんど給料はもらえないんだって、聞いた。

家を出ないで生活していたら、お金もかからないし、まあいいか、って割り切ることにした。

ところが、おふくろが心配してさ。孝に任せてたら、貯金なんてできるわけがないって、少ない給料から勝手に三万円を抜いて、貯金を始めちゃったの。

「三万円もとられたら、何もできないよ」って文句を言っても聞いてもらえなかった。

兄貴が金を貸してくれたけど、そうなるともう自転車操業。給料が入ったと思ったら、借金を返してなくなっちゃって、また借金をするの繰り返し。

大学時代の先輩がよく飯と酒をおごってくれたから、助かった。当たり馬券をもらったこともある。
でも、おふくろの無理やり貯金が後で、とっても役に立つことになった。
おふくろってのは有難いよ。
息子のことがよく分かってる。

第二章　おじいさんと築地

全ては芝山専蔵から始まった

芝山細工《ざいく》というものを知っているかな？　象牙《ぞうげ》や漆《うるし》の下地に、鼈甲《べっこう》、彩漆《いろうるし》、珊瑚《さんご》、染象牙、琥珀《こはく》、貴石、ガラス、貝などを嵌《は》め込んで絵柄や模様を描き出す技術で、江戸時代後期に下総国《しもうさのくに》芝山村の大野木《おおのぎ》専蔵が考案したと言われている。

初めは印籠《いんろう》のような小さな物をつくっていたんだけど、明治に入って輸出工芸が興《おこ》ると、壺《つぼ》や屏風《びょうぶ》のような大きな物を手がけるようになった。

芝山細工は欧米人たちに受けて、高い値段で売れた。明治政府の後押しもあったから、重要な輸出品になった。明治維新でたくさんの職人たちが職をなくしたけど、芝山細工は生き残った。

それが築地と何の関係があるの？　って言われそうだけど、私のおじいさんはこの芝山細工の親方の家に生まれた。

親方の家に生まれた長男にはかならず「専蔵」という名前がつけられたのだそうだ。だから、おじいさんの名前は芝山専蔵。明治二十七年十一月二十四日生まれで七代目だったそうだ。

おじいさんの父親の代から一家は東京・上野《うえの》の黒門町《くろもんちょう》に出てきて、そこで細工の仕事をしていた。

本来なら後を継いで、芝山細工の親方になるはずだったんだけど、おじいさんが尋常高等小学校に通っていた頃に家業が傾いてしまった。

芝山細工が人気になって、贋物《にせもの》をつくる人たちが増えて、それが安い値段で売られるようになって、そのとばっちりを本家本元が受けたというわけだ。

おじいさんは高等小学校を卒業すると、十三歳で日本橋の魚市場の仲卸の店「加吉《かきち》」に奉公に出されることになった。

この頃、高等小学校まで行ける子供は少なかったらしい。両親は息子に教育を受けさせて、立派な細工師にしたかったんだろうな。

それがいきなり魚市場だからね。ショックだったと思うよ。毎日きれいな細工物に囲まれて、親方や職人たちの仕事を見ながら育ったのに、連れて行かれたのは、褌《ふんどし》一丁でみんなが働いているようなところだったんだから。

おじいさんは絵がうまかった。

「孝、これが鯛《たい》だぞ」って言いながら、広告用紙の裏に鉛筆でさらさらと描いてくれる絵がそれはそれはうまくて、私は「おじいさん、今度は鮭《さけ》の絵を描いて」「今度は蛸《たこ》の絵を描いて」とせがんだものだった。

今でも扇子《せんす》に描いてもらった鯛の絵が残ってる。それを見る度に、おじいさんのことを思い出すよ。

あれはきっと、幼い頃にそういう環境で育った名残だったんだろうな。

だけど、どうして魚市場だったんだろう。細工師の家だったら、もっと他に選択肢《せんたくし》もありそうなものなのに。それについて、おじいさんは語ろうとしなかった。父親への不満を口にするのが嫌だったのかもしれない。

とにかくおじいさんは十三歳で魚市場に送られ、加吉の丁稚として働くことになった。奉公期間の基本は十年だ。十年間、住み込みで、しかも無給で働かなければならない。

今、ブラック企業なんて言われているけれど、ブラック企業どころの話じゃなかったと思うよ。午前三時、四時に起きてから夜寝るまで働くわけだから、実働は軽く十四、五時間になる。その上給料は出ないわ、自由な時間はないわ。おまけに、休みは元旦の一日だけ。

それも大晦日の夜まで働いて、翌朝家に帰ってもその日のうちに戻ってこなければならない。翌日から仕事だからね。

そんな生活を十年も続けるって、一体どういうものなんだろう。家が恋しかっただろう。辛くて泣いたこともたくさんあっただろう。青春の愉《たの》しさなんてひとかけらもなかっただろう。

でも、おじいさんはくじけなかった。

ある意味、恵まれていたんだと思う。高等小学校の教育レベルは高い。読み書きもそろばんもできたので、いきなり帳場の手伝いなどもさせられた、という話を聞いたことがある。

魚を運び、魚をさばき、魚を売り、帳場を手伝い、来る日も来る日も働いて仕事を覚えていったんだ。

その頃の日本橋には、全国各地から、おじいさんみたいな小僧が何万と集まって、丁稚として働いていたそうだ。

その何万人の中から、志《こころざし》を持って、辛い仕事に耐え抜いた者だけが自分の店を持つことができた。

働き始めて十四年がたった大正九年、おじいさんは二十七歳で加吉の分店を任されるようになった。

十五年には加吉から独立して店を持った。

「芝専」の誕生だ。

扱う魚は大衆魚ではなく、上物だったということだ。

大正八年、おじいさんは加吉と縁続きの家の娘、つると結婚していた。

おばあさんの実家は門前仲町の土地持ちで、おじいさんは、おばあさんの実家が用意してくれた新居で一緒に暮らし始めた。

十三歳のときから働き続け、ようやく自分の家や店が持てたときの嬉しさって、どんなものだったのかなあ。

日本橋の魚市場はこんなところだった

ここで、少し魚市場の話をしよう。

魚市場の始まりは江戸の初期に遡《さかのぼ》る。

江戸に幕府を開いた徳川家康《とくがわいえやす》が、江戸城内の食糧をまかなうため、大坂《おおさか》は摂津国《せっつのくに》佃《つくだ》村《むら》の漁師を呼び寄せて、江戸湾で漁をする特権を与えた。漁師たちは湾で獲った魚を幕府におさめ、あまった魚を日本橋で売るようになった。

これが魚市場の始まりといわれている。

その頃の取引というのがなかなか面白いんだ。

まず、問屋《とんや》が荷主から魚を買い取って、値段を決めないまま、魚を仲買人に渡す。仲買人はそれを小売り商に売らせて、市が終わると問屋に集まって、その日の売り上げを報告しあった。その売上報告を参考に魚の卸値段が決められた。

つまり、魚を売ってから、卸の値段が決められたというわけだ。

明治時代に、魚市場は千住《せんじゅ》、新場《しんば》、日本橋、芝金杉《しばかなすぎ》の四か所に統合、整備された。中でも日本橋は取扱い量が多くて、活気があった。場所は日本橋から江戸橋のほうに入って、伊勢町《いせちょう》に抜け、伊勢町から現在の三越《みつこし》本店がある一画だった。

荷は押送船《おしおくりぶね》という漁荷専用の船が日本橋川を上って運んでくる。上げられた荷は平田船《ひらたぶね》の上で仕分けされる。平田船というのは、幅二間、長さ七、八間ほどの大きさの船で、日本橋から江戸橋までの河岸に横付けされていた。

平田船の上で仕分けされた魚はただちに問屋の店先に並んだ。

魚市場を魚河岸と呼ぶようになったのは、こうした日本橋の魚市場の構造に由来しているんだ。

ところで、仲買人というのは、どうやって生まれたんだろうか。

そもそもは問屋が直接小売り人に売って、さばききれなかった魚を自分の雇い人に任せて一般の消費者に売っていた。

その量が増えるにつれて、この雇い人が下請け業者に代わって、それぞれの問屋に下請け仲買としてつくようになった。

これが仲買人の始まりだ。

明治時代には仲買人にも三種類あって、上物仲買は、料理屋、上流家庭用の魚を扱い、大物仲買はマグロなど大物を扱った。もうひとつは雑魚《ざこ》仲買で、大衆魚を扱ったのだが、この雑魚仲買がいちばん多かった。

小売りは、店をもっている者の他に、棒手振《ぼてふ》りという、天秤棒《てんびんぼう》をかついで魚を売り歩く行商人がいた。

日本橋から二十里も離れた、川越《かわごえ》、八王子《はちおうじ》、熊谷《くまがや》、鴻巣《こうのす》のあたりから、夜通しかけて通ってきたっていうから、昔の人は根性があったんだね。

当時の魚市場でいちばん大変だったのは、何と言っても魚の保管だろう。

魚が届くと、とにかく氷をかけて冷やしたり、水を何度も取り換えたりして、鮮度を保とうとした。

活きた魚はとくに大変だった。店の二階に、底に穴をあけた盥《たらい》を置いて水を入れて、下に落とす。一階には活き魚を入れた樽《たる》が置いてあって、そこに水が落ちるようにする。水はどんどん溢《あふ》れるけど、上からどんどん新しい水を落とす。そうすることで、酸素を水中に溶け込ませるポンプの役割を果たしていた。これにはちゃんと係がいて、「滝番」

って呼ばれていたんだ。

氷は重要で、魚市場の中には、七、八軒の氷の小売店があったそうだ。

銀座立田野《ぎんざたつたの》っていう甘味処《かんみどころ》があるだろう。あの店はもともと日本橋の魚河岸で氷を売っていた店なんだよ。

明治の中ごろまではまだまだ交通機関も発達していなかったから、生魚の出荷は近海に限られていたらしい。房総《ぼうそう》、武相《ぶそう》、伊豆《いず》、駿河《するが》あたりね。

遠海の魚では仙台のマグロが入っていて、変色してはいたけれど、よく売れたらしい。東京の人はマグロが好きだからね。

北海道から運ばれてくる魚は全て塩乾物にされていた。塩鮭、数の子、鰹節《かつおぶし》、するめなんかがそれだ。

こうした塩乾物は専門の市場で取り扱われていた。その市場は日本橋魚河岸の対岸にあって、四日市《よっかいち》魚市場と呼ばれていた。

それから、日本橋時代の魚河岸には汐待茶屋《しおまちぢゃや》という施設があった。

魚を買いに来た人が休んだり、荷物を預かってもらったりする場所で、場内に三百軒もあったそうだ。

朝早くに市場に魚を買いに来た人は荷車や盤台《ばんだい》を茶屋に預けて市場に入る。そうして仲買から魚を買って、その魚を茶屋まで届けてもらう。茶屋には人足がいて、運ばれてきた魚を運びやすいように荷づめしてくれる。

今の築地にも荷を預かったり保管してくれる施設はあるけれど、茶屋のような休憩《きゅうけい》の場はなくなってしまった。

もちろん、飲食店はあるけどね。

テレビのグルメ番組で築地場内の飲食店が紹介されるようになってからの、混雑ぶりったらないね。

とくに最近は尋常じゃない。朝の五時から、場内の寿司屋の前に長い行列ができているんだよ。ほとんどは中国人観光客。市場の中の寿司屋はうまいっていう思い込みがあるんだろうね。

こうした店は日本橋時代にもあった。

おじいさんの話によると、日本橋時代、飲食店は五十軒ほどあって、寿司屋だけで十軒もあったそうだ。場外には寿司の屋台がたくさん出ていて、そこで立ち食いをしていたってことだ。

ところで、魚市場の公休日は日本橋時代は月に一日だけ。二十二日と決められていた。何故二十二日なのかといえば、過去何年かの統計を調べたところ、月のうちで二十二日がいちばん魚が売れないことが分かったのだそうだ。

この頃すでに給料日を二十五日にしている会社が多かったから、給料日前ということもあったんだと思う。

その後、七日と二十二日の二日になって、築地に移ってからは、二十二日をもとに二のつく日、二日、十二日、二十二日が公休日となった。

今は日曜日と月のうち何度か不定期に水曜日が公休日になる。夏休みは基本的にお盆休みを入れて、八月十四・十五・十六日。年末は十二月二十五日を過ぎた日曜日は市が開いて三十日まで働く。三十一日から年明けの一月四日までが休みで、毎年曜日に関係なく一月五日が初荷が入り、めでたく三本締めで初せりとなる。

私にしてみたらもっと休みたいけど、日本橋時代の人たちにとっては夢みたいな話なんだろうな。

だけどね、こうした休みがあっても、魚介類のデリバリーは三百六十五日、休むことなく続けられているんだ。それだけ新鮮な魚を届けることに躍起になってる、お客さんのニーズに応えようとしているんだな。

関東大震災が築地市場を誕生させた

大正十二年九月一日、この日、おじいさんはいつもの通り、朝から加吉の分店で働いていた。

午前十一時五十八分、もう間もなく昼飯の時間というときに、揺れがきた。最初は小さな揺れだったらしい。ところがすぐに地響きとともに大揺れに変わった。

おじいさんは店の床に這《は》いつくばるようにして、揺れに耐えた。

ようやく揺れがおさまったので外に出た。

昼飯時であったため、あちこちで火を使っていた。油を使っていたところもあった。たちまち出火した。

おじいさんは店の人たちと一緒に、河岸を脱出した。

どうやって逃げたのかはよく覚えていないらしい。ただ必死に火をくぐり抜け、大混乱のなか、皇居のそばまで避難して一夜を過ごしたという。

この日、魚河岸では四百人の死者が出た。そのほとんどが、河岸につながれた船で逃げようとした人たちだった。高潮と重なったため、船は日本橋や江戸橋の下を通ることができなかった。その船を魚河岸から起こった火が襲ったのだ。

魚河岸は一日で全焼してしまった。

翌日、おじいさんは歩いて門前仲町まで戻り、家族の安否を確かめた。

この頃、おじいさんとおばあさんの間には、長女・房江《ふさえ》と長男・厚一郎《こういちろう》が生まれていた。厚一郎はまだ一歳になったばかりだった。

奇跡的に全員無事だった。洲崎《すざき》の埋め立て地に避難していたのだ。

焼野原になった門前仲町の町を歩きながら、おじいさんは生きた心地がしなかったという。そこここに焼け死んだ死体が積み重なっている。もしや自分の家族ではないかと覗き込むときの恐ろしさといったらなかったという話をしてくれたことがあった。

埋立地に避難している人たちがいることを聞き、避難所でつると子供を見つけたときは、自分でも知らないうちに叫び出していたそうだ。

それからしばらく、おじいさんは家族そろって、世田谷《せたがや》に住んでいる、つるの親戚に厄介《やっかい》になった。

当分は市場の再開は無理だろうと思われたが、九月六日には芝浦に仮設の市場を開くことが決まった。陸軍から借りたテント十基が運び込まれ、十七日の開場となった。

十七日、おじいさんも芝浦の市場に行った。顔見知りと再会し、お互いの無事を悦び合った。

買出し人が二百人余も集まり、用意された冷凍鮭は瞬く間に売り切れたという。

もとの日本橋に市場を立て直そうという人たちも大勢いたんだけど、震災前から日本橋の河岸を移転しようという話が出ていたため、もとの市場は立ち入り禁止になってしまった。

芝浦はどうかという意見も出たそうだが、場所がせますぎた。

市場担当の東京市の助役が就任したばかりの山本権兵衛《やまもとごんのひょうえ》総理大臣に陳情《ちんじょう》したところ、築地の「海軍技術研究所」なら使用してもいいということになった。

築地にはかつて、江戸幕府の軍艦操練所があった。その流れから、明治政府は築地に海軍操練所を設置。明治三年にそれは海軍兵学寮と改称され、九年には海軍兵学校が開校した。

明治天皇は度々、皇居からこの兵学校を行幸《ぎょうこう》したんだけど、そのとき通った道が、今の銀座にある「みゆき通り」なんだ。

だけどその後、市場の移転はすんなり進んだわけじゃなくて、移転派と反移転派で大紛争が起きてしまった。

反移転派の人たちがどうして日本橋の河岸にこだわるのかといえば、自分たちが「板船権」「平田船権」といった特権を持っていたからなんだ。

「板船」は江戸幕府時代からの慣習で、魚を陳列するための平板のことなんだけど、実際は魚の売り場所を意味している。

日本橋魚河岸には、店舗がなくて、道に置いた板の上で魚を売っていた。この売り場所の権利が「板船権」。

平田船については前に少し書いたけど、日本橋に送られてくる荷はまず、河岸に横付けされた平田船の上に上げられて、仕分けされる。

「平田船権」というのは、つまり荷揚げ場所の権利ということだ。

この権利を持つ人たちは、荷揚げの場と売り場を人に貸すだけで多額の収入を得ることができた。ところが新しい市場に移ると、こうした既得権はいっさいなくなってしまう。

だから、反対していたというわけ。

でも結局、相当の補償をするという東京市に説得されて、反移転派の人たちも移転に傾いていったんだ。

築地市場の建設は帝都事業の一つになったから、東京市が受け持つことになった。総予算は千五百万円。そのうちの約四分の一は国庫の補助によった。

本場建設にあたっては、外国の市場の視察調査も行ったんだよ。

イタリアのミラノ市場、ドイツのフランクフルト・アム・マイン市場やライプチッヒ市場、ニューヨークのフルトン市場などね。

結果、ホール（大屋根）方式が採用されることになった。

設計の最重要課題は、市場専用鉄道線の引き込みだった。まだ自動車が普及していない時代だからね。荷の多くは貨車で市場まで運ばなければならなかったんだ。

鉄道線を直線で敷設するのが無理だったので、円形に引き込むことにした。すると、各建物は線路に沿って配置されることになった。そのため、魚類部の仲買人売り場は扇《おうぎ》形《がた》になった。

埋め立て地だったから地盤が軟弱で工事は難航したんだけど、とにかく最新技術とアイデアを駆使してちゃくちゃくと進めていった。

昭和八年十二月十三日、工事の主要部が完成したことから、竣工式《しゅんこうしき》が挙行された。招待者は千五百余名にものぼったそうだ。

内閣総理大臣の斎藤実《さいとうまこと》も招かれたんだけど、出席したのは、代理の人だった。竣工式から一年二か月を経た昭和十年二月十日、いよいよ開業の日を迎えた。

ところがね、魚河岸は川魚商人しか営業を始めなかった。

というのは、築地の中央卸売り市場の開設を機に、問屋と仲買の職能を分けるなど制度改革が進められることになったからなんだ。

江戸時代から続いている制度だからね。それを変えられたら、これまでのように商いができなくなる。開業の日に営業を始めなかったのは、そういったことに対する抗議の意味があった。

もう一つ、卸の単複問題というものがあった。

大正十二年に、政府は米騒動の対応策として、都市部に公営の中央卸売り市場を開設すべく、中央卸売り市場法を制定した。

この法律の目的は市場の統制と物価の調整ということで、築地の市場に適用されることになった。

ただ法律には卸を単一にしろとも、複数にしろとも決められていなくて、市場の実情に合わせればいいということだった。

単一派の人たちは、卸を一社にしたほうが市場の統制と物価の調整に有効であるし、より健全な自由競争を促すことができると主張した。

だけど、卸が一社になると独占企業になって、荷主に対する差別や価格の操作などが行われる可能性が高くなる。単一に反対する複数派の人たちも現れた。

結局、単一派の「東京魚市場株式会社」と複数派の「東京魚問屋株式会社」、二社の卸会社ができた。

東京市がその二社を無理やり合併させようとしたものだから、不買運動まで起こってしまった。買出し人たちが築地に行かず、横浜、千住、大森《おおもり》の市場で魚を買うようになったんだ。

昭和十一年十月十五日、ようやく調停が成立。翌月には、二社の合併の調印が行われ、築地魚市場は本格的に稼働していくことになった。

仲卸がなくなった!

おじいさんとおばあさんは五人の子供をもうけた。

まずは大正十年に長女の房江、翌年に長男の厚一郎が生まれた。この厚一郎が私のおやじだ。

さらにその後、次男の昇、三男の信三《しんぞう》、四男の恒雄と続いた。

長女の房江は幼くして亡くなったけど、四人の息子たちは元気に育って成人した。

本来、長男である厚一郎が芝専を継ぐはずだった。ところが戦争が始まって、厚一郎は出征してロシアに送られた。

次男の昇は昭和十九年に予科練に入り、そろそろ戦線に送られる、というときに静岡県の予科練で終戦を迎えた。予科練では通信業務を覚えるのが大変で、少しでも間違えると、棒で叩かれたっていう話を聞いたことがある。

昇は終戦とともに家に戻ってきたけれど、厚一郎は戻らなかった。ロシアの捕虜《ほりょ》になってしまったんだ。

昭和二十三年、厚一郎はようやく日本に戻ってくることができた。終戦になってもなかなか帰らない長男を、死んだものとあきらめていたおじいさんとおばあさんは、それはそれは悦んだ。

だけど、戦後間もない頃で、統制が敷かれていて、仲買人制度は廃止されていた。先に戻ってきた次男の昇はその頃、卸の東都水産で働いていて、厚一郎も同じ会社に入ることになった。

信三は召集されることなく、終戦後は中央大学に入り、卒業後、岡三証券《おかさんしょうけん》に入社した。

恒雄は卸の大都魚類《だいとぎょるい》に入った。

ちょっと戦時下の築地市場の話をするね。

築地市場が開場されたのが、昭和十（一九三五）年だろう。

翌年には二・二六事件が起きて、この頃から国家予算の多くは軍事費にあてられるようになった。

その翌年の昭和十二年には日華事変が起きて、とうとう戦争が始まってしまった。国家総動員法が制定されて、国内の価格全般を国が統制するようになった。

はじめのうち、生鮮食料品は統制からはずされていた。だって、天候だとか腐敗だとか不確定の要素が多いのに、統制をしようってところに無理がある。

でも、戦時体制の強化によって、昭和十五年には統制の対象に入れられてしまった。統制は、出荷、卸売市場、小売り市場、仲卸、小売り商の価格と配給にまで及んだんだ。

そして十六年には、鮮魚介の出荷と配給が完全に国の統制下に入ってしまった。築地市場の業務体系も大きく変わった。卸売り業務と仲卸業務が統合されて、直接小売り商や加工業者、大口消費者に卸売りをするようになった。

つまり仲卸の業務がなくなったってこと。だから、仲買人たちの多くは、卸の東京魚市場株式会社や東京魚商業協同組合に吸収されることになった。そうして転職ができた人はいいけど、できなかった人は廃業だからね。その一方で働き手はどんどん兵隊として戦争に送られてしまう。

おじいさんは、あまりそのときの話をしたがらなかった。よほど辛かったんだって思うよ。人生をかけて開いた店がなくなっちゃったんだからね。

昭和十九年の十一月と十二月には東京に大規模な空襲があった。

さらに翌年の三月十日の東京大空襲によって市街地の大半が焼野原となった。深川の門前仲町の被害は甚大だった。

おじいさんとおばあさんは、近くの数矢小学校に避難した。せまってくる猛火を学校の教員と避難民が一緒にバケツリレーをして消火活動にあたった。奇跡的に小学校の建物は残り、おじいさんとおばあさんも無事だった。

ところがね、あんなに東京の中心に近いところにある築地市場は案外被害が少なかったんだ。

『東京都中央卸売市場史』には、「築地本場の爆撃被害は、爆弾によるものが一九四五(昭和二十)年四月十三日に負傷者数名、青果芋洗場、倉庫数棟、事務所等破損。焼夷弾《しょういだん》によるものが同年に負傷者数名、仲買人売場一部破損、屋根延べ九千四百坪損傷と意外に小さい。」って書かれてある。

理由としては、聖路加《せいるか》病院が近かったので避けたという説、本所・深川の木造密集地をターゲットにしたため対象外になったという説、新しく大規模な施設であったため、米軍が占領後使用することを目論《もくろ》んでいたという説などがある。

戦争が終った、昭和二十（一九四五）年八月十五日の三か月後、市場の統制はいったん解除されたんだけど、翌年には復活。

まあ、終戦直後のごたごたの時代だからね。闇市には魚も野菜も出回っていたけれど、市場には何もなくて、政府のてこ入れが必要だったんだろうな。

ただね、戦時中に成立した統制会社は解体されて、東京水産物株式会社は東都水産、築地魚市場、第一水産、大森魚市場、東京魚市場加工、東京水産興業の六つの株式会社に、東京青果株式会社は八社に分割された。

この分割された一社の東都水産に、おやじと昇おじさんは入ったんだ。

二十二年に一部の高級魚が統制からはずされ、翌年四月には青果物の統制が撤廃された。そして、昭和二十四年三月三十一日、水産物全般の統制が撤廃になった。

一方、仲買人制度も復活した。

青果は昭和二十三年、水産は二十五年。

二十五年に魚市場の仲買人の希望者を公募したところ、応募者が殺到して収集がつかなくなったそうだ。

結局、千百余名の仲買人が選ばれて、、その年の七月八日から仲卸業務が開始された。

もちろん、この中にはうちのおじいさんも入っていた。

長い戦争を耐え抜いて、再び築地で仲卸の仕事ができるようになったんだ。感無量だったろうな。

芝山専蔵の家族

昭和二十四年、芝山厚一郎は濱中和子《はまなかかずこ》と結婚した。

和子は自由ヶ丘《じゆうおか》の魚屋の娘で、仲をとりもってくれる人がいたのだ。

翌年には長女の千代子《ちよこ》が生まれた。その翌年には長男の眞一。二年おいて二十八年に私と双子の兄の正夫《まさお》が生まれた。

おじいさんは昭和五十年に引退するまで、ずっと店に出て働いていた。

河岸の帰りには家の前の駄菓子屋《だがしや》で、毎日菓子を土産《みやげ》に買ってきてくれた。家に帰ると、おじいさんは昼飯を食べて、それから昇おじさんや住み込みの店の人たちと一緒に帳面をつけていた。

「ねがいましては」の張りのあるいい声と、五つ玉のそろばんがはじける音は今でもよく覚えている。

日曜日は、芝山家にとって特別な日だった。

何しろいつも午前四時には家を出て築地に行っちゃう男たちが勢ぞろいしているからね。朝食は全員そろって食べることに決まっていた。私はおひつのそばに双子の兄のまーちゃんと一緒に正座して、お代わりをもったり、味噌汁を運んだり、ちゃぶ台の上を拭いたり、雑用を担当した。

朝食を食べると、おじいさんはそれはもう、のんびりしていた。一週間の唯一休める日なんで着物姿でくつろいで、テレビで相撲《すもう》、プロレス、野球の観戦を楽しんだり、植木の世話をしてたね。

それからもう一つ、歌舞伎《かぶき》が大好きでね。とくに忠臣蔵《ちゅうしんぐら》はよく観てた。テレビでも見ていたけど、歌舞伎座にも行っていた。

ときには孫サービスをしてくれて、私とまーちゃんを浅草に連れていってくれた。永代通りでエンタクをとめるのが、私とまーちゃんの役目。浅草までエンタクで行けるんだから、子供心に、おじいさんってすごいなって思ってた。だいたいいつも松屋デパートの屋上に行って遊んで、おもちゃを買ってもらって、うなぎ、天ぷら、そばなんかを食べさせてもらった。

相撲の千秋楽《せんしゅうらく》の日は、テレビ中継が終わると、家族そろってエンタクで高橋《たかばし》の伊勢《いせ》𠮷《き》に行った。伊勢𠮷っていうのは、どじょう屋の老舗。もうなくなっちゃったけどね。そこで食べた、どじょう、鰻《うなぎ》、鯉《こい》のあらい、うまかったなあ。

普段は絶対に河岸を休まないおじいさんだったけど、毎年八月は一か月ほど休暇をとって、群馬県の川古《かわふる》温泉で養生していた。

他の人たちはもちろん行かないよ。おじいさんだけ。

おじいさんがいない間は、昇おじさんとひろちゃんが店を守ってた。

「何でおじいさんだけ、ずるい」なんて、誰も言わないよ。

だって、おじいさんは丁稚奉公で苦労し続けてきたんだから。その間、休みなんてほとんどなかったんだから。少しくらい休ませてあげたいって、孫の私ですら思った。

おじいさんの休暇が終わる一週間前になると、おばあさんが私とまーちゃんを連れて、上野から電車で後閑《ごかん》まで行って、そこから赤谷湖《あかやこ》湖畔《こはん》の猿《さる》ヶ京《きょう》温泉でおじいさんと落ち合って、私たちの楽しい夏休みが始まる。

毎日、釣りをしたり、川で泳いだり、虫捕りをしたり、楽しかったなあ。川の水が冷たくて、気持ちがよかったし。大きな風呂に入れるのも楽しかった。

そんな贅沢ができたんだから、その頃の芝専は儲《もう》かっていたんだと思う。だからこそ、おじいさんもゆっくり休みをとることができたんだ。

昇おじさんが頑張っていたことは知っていた。

大手のスーパーマーケットを、昇おじさんが芝専のお客につけた、っていう話はおじいさんから聞いてたから。

昇おじさんのことを私や兄たちはなぜか「ももおじちゃん」とか「ももちゃん」とか呼んでいた。

昇おじさんは野球が好きで、近所の人たちと草野球のチームを組んでいて、日曜日は家の裏の空き地で野球の練習をしていた。

千代子ねえちゃんは芝山家の中ではただ一人の女の子だったから、大切にされていたね。

　おじさんとおばさんがねえちゃんをお好み焼き屋に連れていったことがあった。そのとき、ねえちゃんが出来立ての熱いお好み焼きをほおばって、口の中を火傷《やけど》して、大人二人がおじいさんに叱られたのを覚えてる。

　おじいさんにしてみたら、自分の娘は幼い頃に亡くなってしまい、うち孫も千代子ねえちゃん以外はみんな男だったから、ねえちゃんのことは、それこそ目に入れても痛くないくらいにかわいがっていた。

　だけど、やっぱりおじいさんにとって一番大切なのは長男の厚一郎、私のおやじだ。昇おじさんは昭和二十年代の後半に東都水産を辞めて芝専に入っているんだけど、おじいさんはおやじに会社を継がせたかったんだ。

　おやじが会社を辞めて芝専に入ったのが昭和四十八年。おじいさんは引退に向けて、長男にいろいろ店のことを教えようと思ったんだろう。

　ところが、前にも書いたように、四十九年二月七日、おやじが肝硬変で亡くなってしまった。そのとき、私は二十歳。成人式を迎えたばかりの日本大学の二年生だった。

　おじいさんにとっては大ショックだったろうね。とにかく芝山の家では長男がいちばんえらい。次男、三男とは別格扱いなの。

おやじの四十九日は東中野の日本閣で盛大に行われた。何故日本閣なのかといえば、芝専が古くから懇意《こんい》にしているお客さんだったから。

おじいさんはほんとはこの日本閣で自分の引退式をしようと考えていたんだ。だけど、長男が死んでしまったから、自分の引退式はあきらめて、息子の四十九日をそこですることにした。

昭和五十年、おじいさんは引退して店に出なくなったけど、社長は続けていた。

昇おじさんが正式に芝専を継いだのは昭和六十二年、おじいさんが亡くなったときだった。

第三章　築地を離れて

芝専をくびになる

昭和五十年十一月に芝専に入社した私は、とにかく、毎日毎日築地に通って仕事を続けた。休んだのは公休の日曜日だけ。他に休んだ日は一日もなかった。

だいたい築地の人って、みんなほとんど休まないよ。体が頑丈っていうより、仕事をするために常に体調に気をつけているんだよ。

まあ、朝の四時から働くためには、夜遅くまで飲んでなんていられないから、それがいいのかもしれないけどね。

おじいさんも、仕事に差し障ると言って、絶対に夜更かしはしなかったし、兄貴や私にも許さなかった。

そうはいっても若い盛りのエネルギーは抑えられない。そっと家に帰って着替えをして、いいところに遊びに行くなんてことはもちろんあった。痛い目にあって始めて気が付くという、若気のいたりは語るにしかずだ。

毎日築地に通って、仕事を覚えて、せりにもお客さんあしらいにもようやく慣れてきた五十四年のことだった。

私は恒雄おじさんと反目するようになった。

恒雄おじさんは私のおやじのいちばん下の弟で、私が小さい頃はギターを弾いたり、射撃に興じたりする、粋《いき》な人だった。私はそんなおじさんをかっこいいと思い、好きだったのだが、大人になると、いろいろあるんだよ。

恒雄おじさんは最初は卸の大都魚類に勤めていたんだけど、そこを辞めて嫁さんの実家が営んでいる仲卸の店に入った。四十歳を過ぎての転職だ。

それがうまくいかなかった。卸と仲卸じゃ、仕事が全然違うからね。

ちょっと考えてみて。

築地の卸は七社、一方仲卸は当時九百軒だよ。言い方は悪いけど、その頃の卸は、荷主から魚を引き取ってやる、仲卸に魚を売ってやる、っていう意識でしょう。扱い量は今とは比べものにならないくらい多いし。一方仲卸は、卸から魚を買わせていただく、お客さんに魚を買っていただくっていう意識だ。

卸から転職していきなり仲卸の仕事を始めたところで、うまくいくわけがない。で、店にいにくくなったんだろうね。おじいさんに頼んで、芝専に入れてもらおうとしたわけ。でも、そんなに簡単にはいかないよ。だって、そのことで迷惑するのは、叔母さんの実家だからね。

それで、おじいさんが叔母さんの実家に頭を下げに行って、筋を通して、恒雄おじさんは何とか芝専に入ることができたんだ。

それなのに、おやじが死んだ後のおじさんの豹変《ひょうへん》ぶりに、私はびっくりした。仕入れにしても、お客さんの相手にしても、横柄なの。兄貴や私なんか子供扱い。それが昇おじさんに対してだけは礼儀正しくて、何でも言うことをきくもんだから、昇おじさんは情にほだされちゃって、恒雄おじさんをかばうようになった。そのために、番頭のひろちゃんの立場まで悪くなっていった。

私も初めは若輩《じゃくはい》だからって、気持ちを抑えていたんだよ。でも、おじいさんとおやじの店を恒雄おじさんがどんどんだめにしていくようで、我慢ができなくなった。

だから、私が昇おじさんに抗議したんだ。

「恒おじちゃん、あのままでいいの？　何とかしたほうがいいんじゃないの」

でも、昇おじさんは、かばうのよ。

「まあまあ、恒雄もあれで一生懸命やってるんだから」って。

私の知らない店の事情も色々あったのかもしれない。だけど、若いし一本気だったから、とにかく恒雄おじさんが悪いんだって、決めつけていた。

私が抗議したことを知った恒雄おじさんは私のことを警戒するようになって、いよいよ私とおじさんの仲は険悪になっていった。こうなったらもう、関係の修復なんてできたもんじゃない。

みんながいるところではさすがにできなかったけど、二人だけになると、私は相手がおじさんであることを忘れて、憤懣《ふんまん》をぶちまけた。殴り合いになりそうな時もあった。私としても、何でこんなことになっちゃったんだろうって思いながら、一方では、かっかする気持ちを抑えられなくなっていた。

おじさんと私のいがみ合いで店の雰囲気はどんどん悪くなり、六月に入ったある日、昇おじさんの家で話し合いが行われることになった。

集まったのは、昇おじさん、恒雄おじさん、信三おじさん、ひろちゃん、そして、私だ。ただ私は話し合いの席には入れてもらえなかった。

話し合いが始まる前にひろちゃんに二階に連れていかれて、「俺にまかせておけ」と言われたんだ。私が出ると、恒雄おじさんを殴りつけるんじゃないかと思ったんだね。まあ、そう心配するのも無理はない。

ひろちゃんは私が芝専に入ったときからずっと面倒をみてくれた人だから、信じて任せることにした。

私が芝専に入ることを決めたとき、「親族同士で争うのはいやだよ」って言ったら、おじいさんは「俺の目の黒いうちは大丈夫」って断言してくれたんだけど、引退して店に出てなかったから、店のなかの事情が分からないし、こうなるまで口の出しようがなかったんだろうな。

話し合いの結果は、私には信じられないものだった。

その場におじいさんはいなかったんだけど、事前におじいさんと昇おじさんとの話し合いがあって、すでに処遇が決められていたんだ。

恒雄おじさんと私の両方が芝専を辞めさせられることになった。

「何で！」

結果を聞いた私はその場で怒鳴った。

喧嘩両成敗《けんかりょうせいばい》っていうのはあるけど、私は別に恒雄おじさんと喧嘩をしてたわけじゃない。おじさんが悪いから悪いって抗議しただけなのに、どうして私まで辞めさせられなくちゃならないんだ！　って、怒りを爆発させた。

本当は恒雄おじさんを殴りたかったんだけど、ひろちゃんがいたことで、ぎりぎりの理性が働いて、おじさんを殴る代わりに部屋の壁を拳骨《げんこつ》で思いっきりぶったたいた。そしたら、穴があいちゃった。

すぐ埋めたみたいだけどね。

こうして、私は三年半勤めた芝専をくびになった。

おじいさんに入ってくれって頼まれて入ったのに、そのおじいさんと昇おじさんにクビにされたんだ。でも、おじいさんを恨む気持ちはあまり湧いてこなかった。

おじいさんは「芝専を辞めたあと、孝は家にいてもいいけど、恒雄は二度と家の敷居をまたぐな」と言った。

後から思ったんだけど、それは「しっかり社会を見てこい」っていう激励の言葉だったんだな。

京都へ行く

芝専をくびになった私は、何もすることがないから、朝は八時頃までゆっくり寝て、しばらくぶらぶらしていた。

でも、長く住んでる町でしょ。変な時間に歩いてると、あちこちから声がかかっちゃう。

「どうしたの孝ちゃん？　仕事は？」って。

いちいち説明するのも面倒だから体調を崩してしばらく河岸を休んでるってことにしておいた。だけど、いつまでもぶらぶらしているわけにもいかない。

店の人も、お客さんも、大学時代の先輩も、友人も、みんなが心配してくれた。遊びに連れていってくれたり、励ましたりしてくれた。

そうしたなかで、私をかわいがってくれていた東村山《ひがしむらやま》の「鮨孝《すしこう》」のおやじさんが、「しばらく俺のところで働け。その間にほとぼりも冷めるから、そうしたらまた戻ったら、いい。アパートも借りてやるから」って言ってくれた。

涙が出るほどうれしかったけど、お客さんのご厚意に甘えるわけにはいかないと、断った。

番頭のひろちゃんは新小岩《しんこいわ》にある自宅に呼んでくれた。

「俺の力がおよばなくて、こんなことになってすまない」って頭を下げるんだ。それから、「教えるだけのことは教えたから、お前なら、築地のどの店へ行ってもやっていける」って言ってくれて、私は泣きました。

清水のあんちゃんには、「たとえ築地で働けなくても、若いんだから、何でもできる」とも言われたけど、やっぱり私は築地で働きたかった。

でも、築地には戻れない。

芝専を追い出された息子をいったい何処《どこ》が雇ってくれるだろう。せまい村みたいなところだから、やめさせられた事情なんて、あっという間に広がっちゃう。別に私が悪いことをしたわけじゃないけど、みんな芝専に気をつかって、雇ってはくれないだろう。

それで、思い切って京都の魚市場を訪ねてみることにした。

京都の中央卸売市場は京都市下京区《しもぎょうく》の朱雀分木町《すじゃくぶんきちょう》というところにある。その地名から、「京朱雀市場」が愛称になっている。

日本では最初の中央卸売市場なんだよ。東京は関東大震災の復興に時間がかかって、開設は京都よりも遅れたからね。

歴史のある市場だから、商いはきちんとしているだろうし、どうせ魚屋で働くのなら、築地から離れた、誰も知る人のいない、しがらみのない土地でやり直したいと思ったんだ。

東京駅から夜行寝台列車に乗った。見送りは当時つき合っていた彼女(今のかみさん)一人。私の落ち込んだ気分を明るくさせようと思ったんだろうな。今でも覚えてるけど、鮮やかなピンク色のワンピースで、「行ってらっしゃ〜い」って、笑顔で見送ってくれた。

彼女の気持ちはうれしかったけど、列車が東京を離れた途端、心細くなった。何の伝《つ》手《て》もない職探しだからね。窓ガラスに映る自分の顔が小さく寂しく見えた。

それでも、気持ちを強く持って、明け方京都に着くなり営業を開始した。魚市場の仲卸の店を一軒一軒、飛び込んでみることにしたんだ。

まずは視察。買出し人のふりをして、店の様子を見て回った。どんな魚をどれくらい扱っているのか、店の人の様子はどうか、客あしらいはどうか。

七月に入ったばかりの頃で、たくさんの鱧《はも》が店頭で身をくねらせていた。築地じゃこんなにたくさん鱧は扱わない。やっぱり京都は違うなと思った。

アナゴにしたって関東は背開きなのに、こっちは腹開きだった。それを何匹も串《くし》に打って焼いているのを見たときはびっくりしたね。

それから京言葉。

築地と同じでみんな大声を出してはいるのだけれど、べらんめえ調とは違って、品がある。慇懃《いんぎん》なところがいかにも京都らしい。

最初に行ったのは、魚市場の中でもいちばん大きな仲卸の店だった。扱っている量は芝専より多いくらい。従業員も多く、みんなきびきび働いていて、店の雰囲気もよかった。

店じまいをして、帳面をつけ始めた頃、「あの〜、すみません」と、おそるおそる店に顔を出した。

すると、店主らしい人が顔を上げて、「何や。店はもうしまいやで」と言った。

「いえ、実はこの店で働かせてほしいんですけど」

声が上ずっていた。足も震えている。

「働く？　誰かの紹介かいな」

店主らしい彼が近づいてきた。

「いえ、紹介者はいません。東京から来ました」

彼は検分するように私の頭のてっぺんから足先までをじろじろ見た。

「いきなり東京から来て、働かせてほしい言われてもなあ。魚を売ったことはあるんか？」

「はい。先月まで築地の仲卸で働いてました。私の祖父が創業した『芝専』という店です」

「おじいさんの店で働いてたんか。だったら、何で京都に来たの？　その店、やめさせられたんか」

「はい」としか答えようがない。

「そうか」と言うなり、彼はくるっと向きを変え、私に背中を向けた。

店の中には彼の他にも何人か人がいたが、みんな彼と私の会話には知らないふりを決め込んでいた。

私のほうを見もせずに彼は言った。

「悪いけど、うちでは雇えんな」

「どうしてでしょうか。築地の仲卸で三年半働いていたんです。仕事はできます。働かせてください」

「だめや言うとるやろ」

やはりこちらを見ずに、彼は冷然と言い放った。

「それじゃあ聞くが、京都に誰か保証人になってくれる人はおるんか」

「いません……」

「だったら、話は終わりや。築地の老舗といったところで通るものやあらへん。ここは京都や。京都で働きたかったら、きちんとした身元引受人をさがすことや。それができんのやったら、何処も雇ってくれへんで。少なくとも、この朱雀ではな」

すごすご退散するしかなかった。

京都人は言葉はやさしいけど、冷たいと思った。

もしも芝専に京都から働きたいとやってくる人がいたら、自分だったらもっと親身に対処するだろうと思った。

しかし、これだけきちんと言ってくれたのは逆に親切だったのだと、後で分かった。翌日も翌々日も市場の仲卸の店を回ったが、話すら聞いてくれないところがほとんどだった。

「今、忙しいんや。悪いけどまた今度にして」と、体《てい》よく追い払われてしまう。たかだか三年半、築地で働いたからといって、一人前のような気持ちになっていた自分が恥ずかしいやら、悔しいやら、悲しいやらで、どうにかなりそうだった。

それから神戸まで足を伸ばして市場を見たりして、気をまぎらわした。早朝の神戸は東京と空気が全然違っていた。

実は芝専を辞めさせられた直後に精神状態が少しおかしくなって、一回だけ聖路加《せいるか》病院の精神科にかかったことがあった。ただ私はその診察室が嫌いだった。医者と話をしていると、ますます自分がおかしくなっていくようで不安だった。

病院通いをやめて、彼女とゆっくり時間を過ごすことで、何とか精神を回復することができたんだ。彼女は私と会うときはいつも色の鮮やかな服を着てきた。無言で私を元気づけてくれたんだ。

もしも本当に一人ぼっちだったら、酒を呑んであばれて、喧嘩でもしていたかもしれない。

でも幸いなことに、そのときの私には、心配してくれている彼女がいたからね。

彼女とは芝専をくびになる前の年に、江東区の区営プールで知り合った。

私は学生の頃、区営プールで監視員のアルバイトをしていた関係で、その後もちょくちょく事務所に顔を出していた。ある日、事務所に行ったら、監視員のアルバイトをしていた彼女がいたというわけ。

その頃彼女は某大学の教育学部音楽科に通う女子大生だった。将来は音楽の教師かピアノの先生になろうと考えていた。

京都での就職が決まるまで東京で待ってもらっていたんだけど、ままならないので、京都で落ち合うことにした。ちょうど大学が夏休みに入ったときだったしね。もちろん、うちの両親にも、彼女の両親にも内緒だったよ。

待ち合わせた京都駅の改札に、彼女は颯爽《さっそう》とショートパンツ姿で現れた。バスケットを持って、それはもう元気溌剌《はつらつ》！　こっちも元気になった。

その夜は京都市内の料理屋で鱧料理を堪能《たんのう》した。

翌日は将来を誓い合って、一緒に若狭湾《わかさわん》に行った。気丈でかしこくて細かい事にこだわらない女性だったんで、心強かったけど、彼女にしてみたら、私の就職が決まらなかったらどうするんだろうって、不安だったと思うよ。

でも、そんな様子は微塵《みじん》も見せなかった。

二人で、地元の人の行きつけの料理屋に行って、刺身を山盛り食べた。

海の見える、わりといい旅館に部屋をとって、ゆっくり休んだ。翌日は小浜《おばま》の市場をのぞいて、せりを見て、頼んで赤イカをせり落としてもらった。イカはおいしかったけど、明日からのことを考えると、気持ちがふさいだ。

このまま東京に帰ったところで何のあてもないし、家で兄貴と顔を合わせてるのも気まずい。

そんなことを考えていたら、ますます東京に帰りたくなくなってしまった。彼女が一緒じゃなかったら、このまま一人で何処か遠いところに行ってしまおうか、っていう気にもなっただろう。

だけど、京都に行って、若狭湾のいい旅館に泊まったりして、よくそんな金があったねって思うだろう。

まさか、彼女にたかったわけじゃないよ。私だって江戸っ子のはしくれなんだから、結婚前のしかも学生の彼女に金をせびるほど、情けないやつじゃない。

私が「京都に行く」って言ったら、兄貴が当時門前仲町にあったスナック「東珍館《とんちんかん》」に私を呼び出して、「孝、行くのはいいけど、絶対に戻ってこいよ。捨《す》て鉢《ばち》になって変なところに就職してもしょうがないからな。仕事は東京に戻って、しっかり考えてから決めろ」って言って、十万円くれたのよ。

それに、おふくろが私の給料から三万円引いて貯金をしていたなかからいくらか出してくれて、自分のお金もくれた。

出発の前の晩、おばあさんの部屋の前を通ったら、「帰ってくるんだよ」っていう声が聞こえて、その場で動けなくなってしまった。

おじいさんは自分の芝専の名刺の裏に、「当方、私の孫であることを証明いたします。御不審の点がございましたら、お電話をお願い申し上げます。」と書いてもたせてくれた。今でも大切に持っている。

家族が心配していることだし、大学生の彼女をいつまでも連れ回しているわけにもいかなかったんで、東京に帰ることにした。

職探し放浪

東京に戻った私は、何のしがらみもないところということで、アルバイト雑誌で見つけた原宿のクリーニング屋でバイトを始めた。

周囲はさぞ「お気軽な奴」って思っただろうね。

何故クリーニング屋なのか？　たいした理由はない。まあ、魚屋とは別の仕事をやってみようかって気になって、それも場所が原宿っていうのも面白いんじゃないかと思ったのだ。

いやいや、原宿はたいへんなところだった。

昭和五十四年だよ。記念すべき「竹の子族」が出現した年だ。

「竹の子族」なんて知らないっていう若い読者がいるかもしれないから説明しよう。

昭和五十三年に竹下《たけした》通りに開業した「ブティック竹の子」っていう店があったんだけ

ど、そこでは色も形も奇抜な服が売られてたのね。その服を着て、代々木《よよぎ》公園の横の歩行者天国で、ディスコサウンドに合わせて、ステップダンスを踊る若者たちの集団が現れて、それが「竹の子族」。

大学卒業前に芝専に入って、河岸で働いていた私とは全く無縁の世界だね。変てこな恰好《かっこう》をして馬鹿みたいに踊ってて、何だろうこれは、って初めて見たときは思ったけど、何度か見ているうちに、彼らも何かを主張しているんだってことが分かってきた。

同じ服を着た仲間たちと、権威に対して反抗しているんだろうって、思った。

そのとき私もちょうどそんな気分だった。何も悪いことをしていないのに、芝専をくびになって、いくところもなくて、気がつけば、世間からはずれたぷー太郎。

世間って何だろう、評価って誰が決定するんだろう。この先、どうなっちゃうんだろう。

そんなことを毎日考えてたからね。

さすがに竹の子族に参加するまではしなかったけど、彼らのダンスを見ながら、心の中で（ガンバレ、ガンバレ）って応援するようになった。

クリーニング屋の仕事も面白かったよ。今みたいに受付だけして、後は工場に送るっていうシステムじゃなくて、その店で洗濯もするし、アイロンがけもした。

私はアイロンをかける係になった。男にしては手先が器用で仕事が速かったから、店の主人に気に入られて、「ずっといてくれ」って言われた。

確かに面白い仕事ではあったんだけど、一生アイロンがけをするつもりはなかったから、そのバイトは一か月で辞めた。

竹の子族とも出会えたし、いい体験だったと思うよ。

それからまた真剣に考えた。魚屋じゃなかったら、何になりたいのかって。

本当は昔から獣医になりたかったんだけど、理数系が全然だめだから、今さら獣医になる勉強しても到底無理だろうと思った。

信三おじさんは私を株屋にしたかったようだ。おやじが死んでから父親代わりだったから、同じ道を歩ませたかったんだろうね。でも、株屋になるつもりはなかった。

そこで思いついたのが、ホテルマンだった。

ほとんど思いつきだったけど、もしかしたら自分はサービス業のホテルマンに向いてるんじゃないかって気がしたんだ。

おじいさんに言ったら、お客さんの筋から、宿泊施設はないけれど、東京會舘《かいかん》だったら、支配人を紹介できるという話になった。

話はどんどん進んで、「面接をするから来てください」って連絡が入ったんで、就職活動のときのスーツを着てそれはもう緊張して、行きました。

通された部屋で、支配人と二人で対面した。支配人は私の履歴書をじっと見て、目を上げると、言った。

「うちでどういう仕事をしたいの？」

「フロントやフロアでお客様のお世話をする仕事をしたいと思っています」

一生懸命答えたんだけど、支配人は無表情で頷いただけだった。

「君は大学を出ているけど、適性が分からないから、もしもうちに入ったら、まず研修をしてもらうことになります。そのうえで、ドアマンからスタートしてもらうかもしれないし、経理の仕事をしてもらうかもしれません」

う〜ん、そうかって、思った。

これだけ大きい施設だから、たしかに仕事はたくさんあるだろう。私がお客さんの相手をする仕事がしたいと言っても、会社が適性の判断をして、全然別の仕事につかされてしまうかもしれない。

もしかしたら一生、入口でドアの開閉の番をしたり、車の手配をしたりするのかなと思ったら、その場で気分が萎《な》えてしまった。

子供だよね。

今だったら、ドアマンの仕事がどれだけ奥が深く、ホテルにとって要の仕事であることも分かるけど、その頃はとにかく世間を知らないから、そんな一生は嫌だって思ってしまった。

そんなことで、やっぱり働くんだったら魚屋だと思っていたら、今度は、おじいさんの知り合いに、「築地のマグロ屋が人を欲しがっているから、そこに行け」って言われたのね。マグロ屋っていうのは、マグロ専門の仲卸のこと。仲卸の個別化はほとんどなくなっているんだけど、マグロだけは特別なの。

「宇田喜《うだき》」っていう老舗のマグロ屋で、社長が浦安《うらやす》の人で、非常に真面目で仕事熱心な人ということだった。店に行って社長と話をしたら、「明日からでも来てくれ」って、言われた。

浦安の地名が出たついでに、ちょっと浦安市場の話をしようか。

浦安の魚市場は昭和の初期に数店で堀江《ほりえ》に市を開いたのが始まり。

その後、浦安橋近くに移って、昭和二十八年に組合を結成して市場を開設した。

昭和四十六年三月、現在の北栄《きたざかえ》に「浦安魚市場総合食品センター」という名称になって移転して、今にいたっている。

浦安といえば、昔は漁師の町として知られていた。

山本周五郎《やまもとしゅうごろう》の『青べか物語』でも有名だ。

べか舟って知っているかな。

木造の一人乗りの平底舟で、明治の頃は主に海苔漁《のりりょう》に使われた。戦後は、貝漁、魚漁、運搬、釣りと広く使われるようになった。小さいけれど、中心に竿《さお》を立てて、帆を張ることもできる。

浦安や行徳《ぎょうとく》の風景の一つになってたけど、今じゃ、浦安に行っても一艘《いっそう》も見られないよ。

そもそも今、浦安に漁師はいないに等しい。昭和四十六年に浦安の漁師は漁業権を完全放棄してしまったからね。

発端は昭和三十三年に起きた「黒い水事件」だった。

本州製紙江戸川《ほんしゅうせいしえどがわ》工場が段ボール製造に使う漂白剤を川に流したため、魚介類が大きな被害を受けた。

浦安の漁師たちが黙っているわけがない。集団で工場に押しかけて、機動隊と大乱闘になった。

結果、日本で初めて「公共用水域の水質の保全に関する法律」や「工場排水等の規制に関する法律」が制定された。

ただね、法律は制定されても、その後の漁は振るわなかった。一度汚染された水は元には戻らないからね。漁師の多くは本州製紙から補償金をもらいはしたけど、今後の漁の見通しは暗い。漁業権の一部を放棄することになった。

代わって、被害を受けた地域を埋め立てによって再生化しようという動きが出てきた。東京ディズニーランドのある舞浜《まいはま》はこうした中から生まれたんだ。

ディズニーランドで遊んでいる人たちは、まさかこの土地が浦安の漁師の犠牲の上にできあがっているなんて思いもしないだろうね。

話を浦安の魚市場にもどそう。

ここの市場は築地と違って売買参加権は必要ないので、一般の消費者でも普通に入って、買い物ができる。スーパーで買い物をする感覚で、鮭の切り身一枚からでも買うことができるんだ。

名物の一つは「焼きハマグリ」。

それ専門の店があって、串に刺したハマグリを一日中焼いて売ってる。香ばしくていい匂いがするよ。

あとは「貝ムキ」ね。

東京湾で採《と》れた赤貝をむく作業なんだけど、大抵は浦安出身の「ねえさん」がやってる。浦安の市場では、年齢に別なく女性は「ねえさん」って呼ばれてる。どんな年取ったおばあさんでも「ねえさん」なんだからね。

赤貝専用の貝ムキ棒を使って貝をこじあけて、身の部分と柱の部分に分けていくの。貝ムキはそれぞれ使い勝手がいいように工夫されていて、速いのなんのって。まさに職人芸だよ。

何玉、何十玉と、お客さんの注文通りの数をむくんだけど、だいたい一斗缶《いっとかん》数十本ぐらいの量をさばかないと、商売にはならないね。

この赤貝も今じゃ、中国産や韓国産が増えちゃった。

で、肝腎《かんじん》の築地のマグロ屋さんだが、一か月ともちませんでしたね。

仕事はマグロのせり場での下付けの見習いだった。冷凍もののマグロの尻尾から手かぎを入れて少し身をとり、手にはめた軍手に入れて溶けたところで、社長や番頭さんに身質を見てもらう。身質のよさは、場数をふんで、そのときどきの感触で覚えていくしかなかった。

あとはせりで落としたマグロを店まで運んだり、冷凍庫に仕分けされているマグロの出し入れをしたりした。マグロは部位や日付で細かく仕分けされていて、何が何だか分からなくて戸惑ったけれど、店の人がよく教えてくれて、何かにつけて声もかけてくれた。

社長はいい人だったし、店の人たちも親切だったよ。だけどね、何だろう？　店の風土っていうのかな。

店が好きとか嫌いとか、仕事のやりがいとか言う前に、体が拒否してしまうものがあって、それはどんなに努力をしてもなじめないだろうと思った。

社長さんには悪かったけど、紹介してくれたおじいさんの知り合いには申し訳なかったけど、「ごめんなさい」と頭を下げて、辞めました。

みんな、しょうがねえな、って顔をしてた。自分でもほんとにしょうがないと思った。

秋も深まってきた十月、今度は埼玉県の大宮《おおみや》市場で働くことになった。

おやじの後押し

大宮は市場としては、かなり新しい。

昭和四十六年に中央卸売市場に準ずる卸売市場として開設されて、二年後には地方卸売市場となった。

実はこの市場の開設にはおやじがかかわってるの。昭和四十三年に、おやじが勤めていた東都水産が、株式会社埼玉県水産物卸売市場を設立して、この会社が四十六年の大宮市場の開設とともに業務を開始した。

おやじは市場の設立にもかかわったし、その後、新しくできたこの会社に移っているんだよね。

それで、東都水産のコネで働かせてもらえることになった。

何だか死んだおやじに「孝、大宮でしっかり働け」って言われているような気がした。四の五の言っててもしょうがない。働かせてもらえるところで働かせてもらえればいい。それができたら、御の字だって、自分に言い聞かせて、自分で車を運転して行った。

私が働くことになった仲卸の店の社長は若くして店を立ち上げたやり手だった。若い頃は、お客のあしらいに涙が出るほど悔しい思いをしたという苦労人で、それだけに、仕事について話のできる人だった。

私に割り振られた仕事は、社長や店の人がせり落とした魚や冷凍庫から出した冷凍物を店頭に並べることだった。いってみれば雑用だ。

別にないがしろにされていたわけじゃなくて、どっちかというと、特別扱いされていたんだと思う。

何しろコネだから、社長が気を遣って、「こんな雑用じゃあ物足りないだろうけど、社員の手前もあるんで、しばらくはこれをやってくれ」って言ってね。

店の人たちも親切だったよ。築地から来たからって差別はされなかったし、みんな私が早く溶け込めるように気を遣ってもくれた。

まあこういう世界だから、私の素性《すじょう》なんてみんな知ってる。だいたい素性がしっかりしていなければ、雇ってもらえない。

だから、嫌な思いは一度もしなかった。

おやじの知り合いで、昔から私のことを目にかけてくれていた東都水産の人も「孝、我慢だぞ!」って、励ましてくれた。

でもそこも一か月で辞めちゃった。

理由は、市場の規模が小さいこと。せりに行くでしょう。そうすると、オーバーに言うと、その当時は築地の卸一社くらいの魚しかない。これには愕然《がくぜん》とした。

比べるわけじゃないけれど、これじゃあ、あんまり少なすぎるって思った。

扱う量が少ないから、仕事もそれほど忙しくない。毎日、暇な時間をもてあますようになって、ここももうだめだって思った。

(おやじ、ごめん)って、心の中で手を合わせて、おじいさんに話して、辞めさせてもらった。

それから、信三おじさんのところにも謝りに行った。おじさんは社長との顔合わせのときに親代わりに付き添ってくれて、「こいつは俺が責任を持つから」とまで言ってくれたのだった。

兄貴が怒った、怒った。

「市場の規模が小さいからなんて、理由になるか！　大宮で一生懸命働いている人だっているんだぞ！」

兄貴の言うことは正論だ。頭では分かってるんだけど、気持ちがついていかない。我慢のできない人間だと思われるかもしれないけど、若かったからね。大きな場所で、大きな仕事がしたかったんだ。

これは後から思ったことだけど、もしもそのとき私に本気で大宮の市場で働こうという気持ちがあったなら、大宮に引っ越してたんじゃないかな。

でもそうしようとは思わなかった。結局早く築地に戻りたかったんだ。

第四章　神勝時代

神勝入社

築地が私を呼んでくれたのだろうか。

もう二度度戻ってこられないかもしれないと思っていた築地に、まさかこんなに早く戻ることになろうとは思ってもみなかった。

きっかけは兄貴の親友だった。彼はもともと仲卸をしていた人の息子さんなんだけれど、おさめやさんをやっていて、築地の中をくまなく歩き回っては、お客さんに魚を調達していた。

その彼が、「神勝」という仲卸とは前々からの知り合いで、「若い衆を探してるらしいぞ」と、つないでくれたのだ。

早速社長に会いに行った。社長は国立大学を出た秀才で、新卒で官庁に入って、三十代で家業を継いだと聞いていた。会ってみると、たしかに普通の仲卸のおやじさんとは違ってとっつきにくいインテリタイプの人だった。歳は五十代半ば。

「ああ、君が芝山君か。うちは、前の店でどうだったとか、そんなことは関係ないんだ。だから、何も話さなくていいよ。一生懸命働いてくれれば、それでいい。明日から働いてくれ」

いきなり言われて、そのまま就職が決まった。

嬉しかったねえ。これでまた魚屋に戻れる、築地で働ける。そう思うだけで力が湧いてきた。

芝専を辞めさせられたとき、清水のあんちゃんは「たとえ築地で働けなくても、若いんだから、何でもできる」って言ってくれたけど、やっぱり私は築地で働きたかったんだ。築地でなければ駄目だったんだ。そのことが改めて分かった。

芝専をクビになって、十一か月後の昭和五十五年五月十九日、私は神勝に入社した。

神勝について説明しよう。

最近、仲卸は特化がなくなる傾向があって、どんな魚も扱う店がほとんどだけれど、神勝は天ぷらだね専門の仲卸だった。しかも、日本橋の魚市場時代からある老舗だった。東京の古くからある天ぷら屋だったらどこでも、神勝の名前を知っていた。

扱う魚は主に、キス、メゴチ、アナゴ、活けのクルマエビや柱、世界中の冷凍エビ、冷凍イカ各種。旬のものではギンポー、活ハゼ、芝エビ、稚アユ、白魚など。

今は親戚に店を譲り、神勝っていう名前ではなくなってしまったけど、商売の形態もお客さんもそのまま引き継がれているよ。今の時代、天ぷらだねだけだと大変だと思う。でも、私が入った昭和五十年代の半ばは店として希少価値があった。

「あそこに行けば、いい天だねが揃う」ってね。

社員は、魚を扱う人間が社長と私を入れて五人、配達員が二人、帳場は社長のお母さんが担当していて、場外の事務所に女性の事務員が一人いて、総勢九人。

みんな四十代から五十代のベテランばかりだった。

私が最初に任された仕事は、天ぷらの下ごしらえ。普通の仲卸と違って、この店はお客さんに頼まれると、エビの背ワタや頭を取ったり、魚のうろこを取ったり、キス、メゴチ、アナゴを開いたり、イカをむいたりして、すぐに天ぷらにできる状態にして、出荷していた。

毎日、毎日、キスとメゴチの頭取り、うろこ取りの単純作業が続いた。そのうちにペースがつかめてきた。

こんな簡単なことやって給料をもらっていいのかなとも思ったけど、とにかく築地で魚を扱う仕事に戻れたことが嬉しくて、張り切って作業を続けてた。

そんなある日、「おい、芝山、そんなことばっかりやらせるために、お前を入れたんじゃないぞ」と、社長に一喝《いっかつ》された。

「何でもいいから、魚を買ってきて、売ってみろ」って言うので、「天ぷらのたねじゃなくても、いいんですか」って聞いたら、「何でもいい。お前がいいと思った魚を買ってこい」。

六月になっていたからね。鮮魚のアジとカツオ、養殖のハマチとカンパチを売ってみることにした。芝専のときとは比べものにならない少量で、まるでおままごとみたい。ちょっと情けなかった。

近くの店から小車を借りてきてせり場に行き、魚は自分で引き取った。いい経験だった。自分の頭を使って自分で動かなければ、何も始まらない。そのうちに、どんな仕事をするのも苦にならなくなった。

芝専のときから知っている、仲卸の先輩がせりの手助けしてくれたり、引き取りの時にごまかされないように目を光らせてくれた。

怖い先輩ほどよく助けてくれて、ほんとに有難かった。

先輩たちの協力もあって、仕事はどんどん面白くなった。

何しろ誰にも指図されないで、自分の好きな魚が買えるんだから。しかも損が出ても、社長が怒らないの。

「いいよ、いいよ、芝山。明日、カタキをとればいいんだ」って。

しかも社長は私が仕入れた魚をなじみのお客さんに売り込んでくれたり、バックアップもしてくれた。

有難かったねえ。

やる気があるから、扱う魚の種類と量がどんどん増えていった。

カンパチ、カツオ、ブリ、ホタテ、柱……やればやるほど、ガンバリが数字になっていく。何て面白いんだろうって、思った。

給料が手取りで二十万円だったけど、その上に何だかんだと手当をつけてくれた。芝専に入ったときが五万円でクビになったときは二十万円だったから、手当分高くなって有難かった。

築地には戻れるわ、仲卸の仕事はできるわ、給料は手当つきだし、それはもう夢みたいだった。

神勝のお客さんも増えたんだよ。

それまでは天ぷらだねしか扱ってなかったわけだけど、「ふうん。神勝もこんな魚を扱うようになったのか」って、買っていってくれた。

社長に「お前が入って、忙しくなった」って言われたのが、嬉しかった。

ただね、事務所で帳面をやっているときに簿記の記号が分からなくて、社長に「お前、簿記もできないのか！」って一喝されて、一発奮起した。

昭和五十六年、夜間の定時制高校の商業科に入って、簿記の勉強を始めた。十代の若い子から四、五十代のおじさん、おばさん、中国人、いろいろな人がいた。結局家族の都合で試験が受けられなくて退学せざるを得なくなったんだけど、得難い経験だったね。

でももちろんいちばん買ってくれるのは天ぷら屋さんだ。

天ぷらだねっていっても買うところは買うよ。

銀座の某名店は、キス、メゴチを一日に最低でも二百本は買うんだ。それも大きくて、まんまるとして形のいいのをね。

天ぷらのコースにしろ、天丼にしろ、キス、メゴチは普通一本しかつけない。ということは、一日に二百人のお客さんが来るってことになる。

しかも店主自身が毎日来て、魚の良し悪しを自分の目で確かめるんだよ。どうしても都合のつかないときは店の人に任せるけど、基本は自分で仕入れて、その場で現金で払っていく。

その店は昼と夜営業していたけど、夜の営業が終わって店主が家に帰るのはきっと日付が変わる頃でしょう。それなのに、ほとんど毎朝自分で仕入れに来るのだから、頭が下がる。誰にでもできることじゃない。

素材に対するこの真剣さはきっとお客さんにも伝わっているんだろうって思った。

新宿の「つな八」もお客さんだったから、休みの日はよく食べに行った。

茅場町《かやばちょう》の「天菊《てんぎく》」のおやじさんは私のことをかわいがってくれて、ここもよく行きました。おふくろをお客さんの店に連れていったのは、ここが初めてだった。

おふくろがおやじさんに「何年やれば、こんなにおいしい天ぷらを揚げられるようになるんでしょう」って聞いたの。そしたら、おやじさんが、「十年やれば十年の味、二十年やれば二十年の味になりますよ」って答えたのを覚えてる。

高級天ぷらだけじゃなくて、町場の安い天ぷら屋さんもお客さんだった。安いいわしを工夫を重ねて天ぷらにしたのを食べさせてくれたけど、うまかったな。

だけど、不思議だね。同じ、キス、メゴチを買っていっても、天ぷら屋さんによって、味が全然違う。油と揚げ方が違うんだろうけど、店の味ってこんなに違うんだって、驚いた。

そういえばその頃、羽田《はねだ》の漁師さんがその日の朝に上がった活けのアナゴ、スズキ、マコガレイを直接店まで持ってきてくれていた。「直引き」っていって、申告をすれば、そういう取引も可能なの。

そうしたら、お客さんで子持ちのマコガレイばっかり買っていく人がいた。理由を尋ねたら、某土木会社の水産部の人で、卵をふ化させて稚魚《ちぎょ》からマコガレイを育てて放流するって聞いて、驚いた。面白そうだから、都内にある実験所を見学させてもらった。

神勝の人たちはよく働いていた。

社長が自ら魚の下処理をしたり、社員が帰った後の夕方に、お客さんに荷を届けたりするんだ。

ある夏の日曜日、社長と一緒に町田《まちだ》の東急デパートに入っている天ぷら屋に魚を届けたことがあった。往きの車の中で社長が、「納品を間に合わせる」ことの大切さについて、こんこんと説いていたっけ。そうした小さいことの積み重ねが商売の信頼につながるんだっていう話だった。

その帰りに渋谷《しぶや》の道玄坂《どうげんざか》にある天ぷら屋にも荷を届けたんだけど、渋谷の雑踏の中を、社長が必死になって台車を押していくの。店からそのまま運んできたから、二人とも長靴に作業着で、汗だらだら流して。なりふり構わない社長の姿を見て、この人を男にしてやろう、一生懸命働こうって思ったよ。

しかし、社長が日曜日まで仕事をしているのには驚いたね。昼頃出てきて、魚の下処理をしたり、事務の仕事までしているんだ。

休みなしってすごい、何か理由があるんだろうかって考えたの。

で思い当たったのが事務の女性。この人は社長が心から信頼する女性だったの。歳は多分五十代の前半。事務能力に長《た》けた人で、社長は店の全てを任せて安心していた。いつもこぎれいにしていて、スキのない人だった。私のことはよく、いじってくれましたね。

先輩から、「芝山、日曜日にはのこのこ店に出ていくんじゃないぞ」って注意された。

築地って荒っぽいところだと思うかもしれないけど、色恋も多いんだよ。

近所の店にも社長の信頼する女性がいた。一度私が冗談で、「今度飲みに連れていってください」って、その女性に言ったら、社長にどやしつけられた。若いやつに自分の大切な人がからかわれたと思ったんだね。実際そうなんだけど。

それから神勝の近所の店の先輩で、四十がらみのSさんって人がいたんだけど、その人が同じ店の女性を好きになっちゃって、ラブレターを書いたの。

それがよりによって、自分の店の茶屋札にだよ。

茶屋札については前にちょっと書いたけど、もう少し詳しく説明しよう。

日本橋の市場に汐待茶屋があったっていう話を前に書いたでしょう。買付け人が仲卸で買った魚を預かってもらうところね。その名残で、築地では場内と場外を結ぶ地点に配送センターがあるんだけど、そこを「茶屋」って呼ぶ。

「その魚、茶屋に出しといて」って言うのは、「その魚、配送センターに持っていって」っていうことなの。

で、その茶屋出しに使うのが、茶屋札。それぞれの店の名前が印刷されていて、普通は買ってくれたお客さんの名前と配達先を書くんだけど、それにラブレターを書いちゃったんだよ。

名前を書いてなくても、普通はその店の人間だって思うじゃない。女性のだんなのお母さんに知れることになって、一悶着《ひともんちゃく》。先輩はうまく逃げ切ったんだけど、そのとばっちりが私に回ってきた。

いちばん若かったから、「お前が書いたんじゃないか」って疑われて、いくら「違います！」って言っても信じてもらえなかった。先輩は知らん顔で、あのときは本当に困った。今じゃ笑い話だけど。

築地では、店の帳場や事務の仕事を社長の信頼する女性に任せるところが多かった。信用がおけるってことでね。逆に持ち逃げされちゃったところもあったけどね。店の裏金だから表沙汰《おもてざた》にできなくて、涙を飲むしかなかったなんて話も聞いたことがある。

築地の外に愛人がいて、仕事が終わった後、いつも客廻りといって家には夜の十時過ぎにしか帰らない、仲卸の社長もいましたね。

色恋の現場を目撃することもあった。

ある日、河岸引けの時間に、一軒の店の建物から、女性の叫び声が聞こえてきた。強盗でも入ったのかと、声の聞こえた建物に飛び込んでみたら、何も身につけていない男と女がいた。

屋上の駐車場に止めてあるワゴン車が妙に震動していて変だなと思っていたら、カーテンがはずれて、営み中の男女の姿がまる見えなんてこともあった。

組み合わせにも意外性がある。年配の女性と若いイケメンとか、小柄な男性に大柄な女性とか。

築地は仕事にも恋にも熱くなれる場所だということなんだな。

結婚して家族を持つ

昭和五十五年五月十九日に神勝に就職が決まったので、その年の十二月に私は結婚した。

相手は、前にも書いた、京都で就活したときわざわざ京都まで来てくれた女性。

名前は由美子《ゆみこ》。

教育学部の音楽専攻で、音楽の教師になるのが夢だった。だけど、私の仕事はかみさんの協力なくしては成り立たない。朝は早いし、昼には帰ってくる。私の生活に合わせていたら、教師の仕事なんてできるものではない。当然私としても、かみさんには働かないで、家にいてもらいたかった。

でも自分からは言えなかった。だって、私が築地で仕事をしたいと思うように、彼女も音楽の教師になりたかったんだから。その夢を私の勝手でつぶすことはできないよ。かみさんの両親も娘が教師になるのを楽しみにしていたし、小学校、中学校、高校の教員資格を持っていたから、東京都の教員採用試験に通ったら採用してくれるっていう学校もあったんだ。

だけど、ほんと、女の人は強いなあと思う。私の考えてることなんてお見通しで、自分から教師になる夢を捨ててしまった。

両親を説得するために、採用試験の日に試験会場に行かなかったっていうんだから、その行動力には脱帽した。

この歳になってのろけるのも何だけど、彼女の思いが身に沁みたよ。

結婚式もせずに籍だけ入れて二人の生活を始めたんだけど、おふくろが「由美子さんに花嫁衣裳を着せてあげなさい」って言って、籍を入れて数日後の十二月十三日に急きょ富岡八幡宮で式を挙げることになった。

まだ勤め始めたばかりだったから、河岸の先輩、友人、誰も呼ばなかった。私の母と兄貴、由美子のご両親とおじいさんとお兄さんに参列してもらった。

パーティはいっさいなし。芝専の二階に親族が集まって、仕出しの料理をとってのお祝い会だった。

信三おじさんが親族を代表して挨拶をしてくれた。

まあ由美子の両親にしてみたら、もっとちゃんとした結婚式場で一人娘の花嫁姿を披《ひ》露《ろう》したかったんだろうけど、こっちもようやく再就職が決まったばかりだからね。贅沢なことはできない。

代わりに、由美子の実家では、彼女の親戚や両親の友人をホテルに招いて、お祝い会を開いた。私は出席しなかったんだけどね。

新居は私の実家から歩いて五分くらいのところにある四階建てのマンション。エレベーターもないようなところだったけど、当時すぐ上に、お笑いコンビ「B&B」の島田《しまだ》洋七《ようしち》が住んでた。

２ＤＫで家賃が六万円。オーナーがすぐ近くの運送会社の社長さんだったんだけど、「家賃まけてちょうだい」ってお願いしたら、「そんなに金がないのか」って憐れんでくれて、一割まけてくれた。

「マンション全体の掃除をしてくれたら、家賃をただにしてやるよ」って言われたんだけど、「ちょっと恥ずかしいので、勘弁してください」って断った。

結婚したばかりの頃、かみさんは魚の料理が全然できなくてね。三枚におろすこともできなかった。

私が教えたんだけど、うまくいかない。キンキの煮魚を作ろうとして、魚をばらばらにしてしまった。

私のおばあさんに弟子入りして、何とか魚料理ができるようになったんだ。

その後は慣れだね。

今じゃ、そんじょそこいらの料理屋よりうまく魚がおろせるし、魚料理もうまくなった。焼き魚、煮魚、天ぷら、フライ、鍋、なんでもできる。

私の家はよくお客を招くんだけど、みんな、かみさんの魚料理に感激するからね。もちろん芝専の魚だから素材がいいんだけど、それにしたって、ちゃんと調理をしなくちや、素材も生きない。

知り合いの武蔵川部屋《むさしがわべや》の力士を家に招いたことがあって、そのときかみさんは海鮮ちゃんこ鍋を直伝してもらった。魚の出汁がきいていて、実にうまかった。

結婚した翌年の九月に長女が生まれた。

実のところ私は男の子が欲しかったから、女の子だって分かって、すぐに病室を出てきちゃったの。

その頃はまだ、妊娠中に性別を判定するエコー検査なんかなかったからね。

それを聞きつけたおじいさんに怒られたのなんのって。

「由美子さんの気持ちを考えろ！」って怒鳴られて、少し反省した。

でもまだ乳幼児のうちに背負子《しょいこ》に背負ってバイクに乗ったら、今度はおばあさんとおふくろにさんざん叱られた。

「もしものことがあったら、向こうのご両親に何て言ってお詫びをするの！」って。

それだけ、家の人間がかみさんのことを大切に思ってくれていることが分かって、有難かったよ。

三年後には、今住んでいる門前仲町のマンションを買った。広さは３ＬＤＫ。子供もできたことだし、三十代のうちに買ったほうが楽だと思ったから。豊洲のマンションも申し込んでいたんだけど、抽選に落ちちゃった。結果的には落ちてよかったよ。門前仲町を離れなくて済んだからね。

本当は角部屋がよかったんだけど、これまたはずれて、たまたま一部屋だけあいてて、とんとん拍子に決まった。

頭金の四百万円を用意するのが大変だった。銀行ローンを組むにあたって、兄貴に同行してもらったら、対応が全然違った。その頃、兄貴は芝専の専務になってたからね。芝専の取引先の銀行で、店の経営状態が分かっていて、しかもそこの専務でしょ。そうすると、金利も全然違ってくるの。芝専の世間的信用って大きいんだってことを初めて知った。

かみさんの実家が「それくらいのお金、用意してあげる」って言ってくれたんだけど、あまえるわけにもいかない。

とにかく頭金をそろえて、マンションを買ったのが昭和五十九年三月。その年の十一月に次女が生まれた。

二人目も女の子だったから、私のところには娘が生まれる運命だったんだって、男の子のことはすっぱりあきらめました。

もしも男の子だったら、スパルタになっちゃって、大変だったかもしれないと、今になって思うよ。

でも、いい店に就職できて、よかったよ。給料は年々上がっていったし、ボーナスも出たし、マンションの繰り上げ返済をしていくことができたからね。実は築地の仲卸って昇給のない店が多いんだけど、神勝は上げてくれた。

結婚できたのも、子供をもつことができたのも、マンションが買えたのも、全ては神勝に就職できたお蔭だ。社長には本当に感謝していた。

お客さんにも恵まれ、注文が多すぎて朝行くのが嫌になるほど時間に押されるようになった。時間にせっつかれるのはしんどかったけれど、それを乗り越えると、もっと大きな仕事が待っていることを知った。

生意気ざかりだったということもある。いきなり近所の仲卸の店に行って、「売ってくれませんか」と単独交渉したり。神勝のおやじに乗せられて、自信過剰になっていたのかもしれないいな。

でも人間、生意気な時がないとだめだよ。高くなった鼻をへこまされて、落ち込んで、それが飛躍につながるんだから。

地元の神様は大切だから、富岡八幡宮にはことあるごとにお礼のお参りをしているよ。この神社は毎年、酉《とり》の市《いち》が開催されるけど、その日はまず家族そろって八幡様にお参りにいって、いつも頼んでいる熊手屋《くまでや》さんで熊手を求めて、手締めをしてもらう。

「芝山の家のますますのご繁栄、家内安全、商売繁盛〜〜!よ〜〜っ!」という声と手《て》拍子《びょうし》を聞くと、身震いがくる。

この手締めの音を聞くと、ようし、これからも頑張るぞと元気が出るんだ。

酉の市には子供の頃から家族で毎年出かけていた。今よりずっと寒くて、厚着をしていたっけ。たいていは、おじいさん、おやじ、眞一兄貴、まーちゃん、私の五人で、おじいさんとおやじが店の人と符丁をやりとりするのをかっこいいなと思いながら横で見ていた。求めた熊手を持つのは兄貴の役目だった。

今でも休日になると、お参りに行っている。八幡様の裏手に弁天池《べんてんいけ》があってそこに「七渡神社《ななわたりじんじゃ》」があるんだけど、おじいさんが立てた鳥居《とりい》があるの。鳥居には「昭和九年吉日」と刻まれていて、その年に立てたんだってことが分かる。

その年、おじいさんが道に立っていたら、タクシーにひっかけられるという事故があった。幸い、耳を少し切っただけで命に別状はなかったので、神様への感謝を込めて、鳥居を立てたのだそうだ。

心に思っていることは口に出さずに、ただひたすらお願いをする。

「あわてず、あせらず、あきらめず」と自分自身に言い聞かせながら。

私にとっては、神聖な場所の一つなのだ。

神勝三十年と築地

私が神勝で働いていたのは、昭和五十五年から平成二十一年の二十九年間。

世間ではいろいろなことがありました。

バブル景気が起こって、昭和が終わって、バブルがはじけて、一九九〇年代に入ると、阪神淡路大震災《はんしんあわじだいしんさい》、オウム真理教《しんりきょう》サリン事件。銀行やローン会社が次々倒産して、証券・

金融の不祥事《ふしょうじ》が発覚した。

私は昭和二十八年生まれなので、昭和が終わった年は三十六歳だった。思い起こせば、昭和というのは、とにかく一生懸命仕事をしていれば、一生何とかやっていけると信じることのできた時代だった。

高度経済成長で、サラリーマンの給料は年々上がっていた。結婚して、子供を持って、マイホームを手に入れるということをごく普通に望むことができた。

人情も生きていた。魚屋、八百屋《やおや》、酒屋、パン屋、床屋……全て町内にある店に通っていた。他の町の店には行く必要なかった、というより行くべきではなかった。町全体で支え合って生きているようなところがあった。

今じゃ、子どもだけで遊んでいる姿ってあまり見かけなくなったけれど、昭和の頃は公園で元気に子どもたちが遊んでいて、親がそばにいなくても、近所の誰かが見守ってくれているという安心感があった。

河岸で働く人たちも、魚屋根性を持っていて、働いて給料をもらえさえすればいいという感覚ではなかった。

そうした社会の基本、生活の基本が平成になって大きく崩れていったように思う。古いものが崩れて新しいものが生まれたのだといえるのかもしれないけど、確実に失われてしまったものがあるように思う。

契機となったのは、やはりバブルだろう。あそこで日本人の意識が大きく変わった気がする。

バブルは築地にもかなり影響した。

重量でみると、築地市場の水産物の売り上げのピークは一九八七年の八億千五百万キロ。金額のピークは一九九〇年の七千五百五十億円。

高級魚が天井知らずにのきなみ高くなっていった。神勝は天ぷらだねの専門だから、そんなに高い魚はないけど、とにかく高い魚から売れていったのを覚えている。量もたくさん出るから、忙しくて、一日一万円のバイト料を出して中国人のアルバイトを雇うほどだった。

この頃、飲食店を出す仲卸の店がたくさんあった。バブルの最中は羽振りもよかったけど、崩壊したら途端に経営難になって、本業の仲卸の店が傾いたなんて店もざらだった。

投資にはまった仲卸もいた。持ったことのない金を持ったものだから、何かしないと気がおさまらなかったんだろうね。投資ブームもあったしね。これまでやったことのない、株だの投資信託だの、とにかく薦められるままお金を預けて、結局大損。

神勝ももうかって、私の給料やボーナスも増えたことは増えたけど、子どもは二人いるし、マンションのローンもあったから、投資なんてする余裕もなかった。それがかえってよかったんだと後で思った。

しかし、今思い出しても、あのときはみんなとにかく金を遣いたがってたね。

ある晩、知り合いの天ぷら屋で飲んでたときのこと。

閉店間際になって、一人の男が入ってきた。他の客はみんな帰って、残っていたのは私一人。

男はかなり酔っているようだったけど、「おやじ、天ぷらが食べたい。天ぷら揚げてくれ」って言うんだ。

おやじさんが「何にしましょう?」って聞くと、「何でもいい。高くてもいい。金なら、ある」って答えるんだ。

おやじさんが適当に見繕《みつくろ》って、エビとイカと野菜を揚げて出したら、「うまい、うまい」って食べて、「お勘定ここ置くよ」って置いていったのが、一万円札二十枚。

おやじさんが首を振りながら、「金の遣い方が狂ってる」って言ったのを覚えてる。

寿司屋でも同じような体験をした。

夜の街では、中国、台湾、韓国、タイ、フィリピンなどから出稼ぎに来た女性が目につくようになった。

卸や仲卸の知り合いたちがこぞってタガログ語を勉強し始めたのには笑った。みんな仕事をしながら、ウォークマンでタガログ語のテープを聞いてるんだ。

それで身を滅ぼした人もいた。

みんな財布の中に金がだぶついていて、何に使ったらいいのか分からないといった感じだったなあ。

バブルによってすっかり地盤がゆるんでしまった日本の社会は、バブルがはじけた後は何となく不穏な空気に包まれていた。

そして、あの事件が起きた。

地下鉄サリン事件の日は築地の場外でも号外が出ていた。築地には聖路加病院がある。犠牲者の人たちが運ばれていく救急車のサイレンが鳴り響いて、河岸の中にいても落ち着かなかった。

これから日本はどうなっていくんだろう、なんてことを真剣に考えたのは、このときが初めてだった。

ただ、こうした事件があっても、私の一日は変わらなかった。

神勝時代は午前三時に家を出て、バイクを運転して築地に行った。平成三年に手を骨折して、それからは兄貴の車に乗せてもらうようになった。

せりで落としたり、相対で買った魚を店に並べて、魚の下処理をして、お客さんの相手をして、魚を買ってもらって。

入ったばかりの頃は家に帰っても、早く明日にならないかと思うくらい仕事が楽しかった。

そういう意気込みって人に伝わるんだね。近所の仲卸の社長から、「朝がくるのが待ち遠しいんだろう」と図星をさされて、赤面したことがある。

ただそのうち自分の扱う荷が増えていくにつれ、周囲との軋轢《あつれき》も出てきた。

何で私より先にそっちに売るのか、どうしてあの店ばかりがせり落としできるのか、同じ魚でどうしてそんなに値段が違うのか。

人間が商売をしているわけだから、杓子定規《しゃくしじょうぎ》にはいかない。金がからんでいるから、人間関係がこじれると大変だ。

同じ店の人からやっかまれることもあった。配達の人から、「芝山の魚は運ばないよ」とか言われたりしてね。

理不尽《りふじん》な目にあって、かっかしている私を見て、神勝の社長が言った。

「そういう奴らとうまくやっていけないようじゃ、お前は上にはいけないよ」

実のところ私は活けの魚を扱いたかったんだけど、これはせりから世話まで、やることが多くて、うまくいかなかった。

そこで、鮮魚一般で勝負をして、とにかく自分がいいと思う魚を仕入れて売っていたら、その量がどんどん増えていった。卸会社のほうでも驚いていたくらいだ。

たった一本の仕入れからスタートした神勝の仕事が順調にいったのは、「何でもいいから好きな魚を買って売れ」と基本的には全権を私にゆだねながら、ここぞというときには後《うし》ろ盾《だて》になってくれた社長のお蔭だ。

仕入れた魚が売れ残って、しょげて事務所に来た私を、社長が他の社員に分からないように寿司屋やうなぎ屋に連れ出してくれたこともあった。

普段から口数の少ない人ではあるんだけど、そんなときも何も言わないで、ただ一緒に食べて励ましてくれるのだった。

「先に行ってるぞ」と席を立って、勘定を払って一人で事務所に戻る。一緒に帰っちゃ、他の社員の手前、よくないからね。

で、私が戻っても、何食わぬ顔をしている。

有難かったよ。

神勝じゃなかったら、こんなに仕事を楽しいと思うこともなかったかもしれない。

築地で働く仲卸の先輩たちや芝専の従業員の人たちの協力や後ろ盾もあって、幸運だったね。

いい仕事をしていると、自然に周囲にいい縁が拡がっていく。もしも芝専に入ってそのまま働き続けていたら、こういう感動は得られなかったかもしれない。

神勝退社

神勝は私にとって大恩のある店だけど、長く勤めるうちに、だんだん社長と合わなくなっていくのを感じていた。

成功した人ほどお金に執着すると言うが、社長もまたお金に執着する人だった。しかも歳をとるに従って、それがいよいよ強くなっていったんだ。

自分の先が見えてくると、子供に金を残したくなるのかねえ。息子は社会人として立派にやっているのに。

ある朝、いつものように卸に魚を買いに行ったら、「わりいね、たかちゃん、売れないんだ。今朝事務所に回覧が回ってきてさ」って言われて、びっくりした。

売り止め。

つまり、前に買った魚の代金を社長が払ってなかったんで、魚を売ってもらえなかったんだ。

かっときて、神勝に戻って、社長に向かって怒鳴った。

「どういうことだよ！　魚が買えねえじゃねえか！」

ところが社長はしらっとしてる。

その頃、「そろそろ店をたたもうか」なんてことを言いだしていたのだが、税金対策のためにやったらしい。

自分さえ金が残ればいいのか。これまで働いてきた社員はどうなるんだ。

一度不信感を持ってしまうと、日に日にそれが増していく。社長の奥さんから「あなたはこの店に必要な人」と言われたことや、息子さんの結婚式に出たときに息子さんから「おやじをお願いします」って言われたことを思い出して、しばらく我慢をして働いていたけど、だめだった。

せめて会社をいつたたもうとしているのか、その後社員はどうなるのか、そういった事情を説明してもらいたかったのだけれど、それもしてくれず、もうこの店にはいられないと思った。

それで、兄貴に、「芝専に戻ってもいいかな？」って聞いたら、「戻ればいいじゃないか」って言ってくれた。

でも実はその前から、昇おじさんから声がかかっていたんだ。

「孝、お前、芝専に戻る気はないか。いろいろあったけど、全部水に流して、戻って眞一を助けてやってくれないか」って。

おじさんも歳をとって、先々のことを考え始めたんだろう。自分が辞めた後、兄貴一人じゃ大変だから、私に兄貴を手伝って、芝専を盛り立ててもらいたかったんだ。

その頃、朝一緒に築地に行く車の中で、私に芝専の話をあれこれするようになっていた。

私が芝専を退社させられた直後は関係も気まずかったけど、ほとぼりが冷めると、神勝で働く私を何くれと気遣ってくれたおじさんだ。

朝、河岸で働いていると、いきなりおじさんから携帯に電話がかかってきて、「芝専まで来い！」って言うから、急いで行ったら、いろいろ惣菜を用意しておいてくれたりね。

おじさんがその気なら、私だって戻りたい。

平成二十一年十月、社員の人たちの了承も得られ、昇おじさんから正式に、「芝専に戻ってこい」という話があって、私はそれを受けることにした。

三十年前に辞めさせられた芝専に私は戻ることになったんだ。

第五章　芝専とともに生きる

芝専に戻る

平成二十一年十一月一日。

初日の朝は少し照れくさかった。

何しろ三十年ぶりに芝専に戻ってきたんだ。

店を見ながら、(三十年も離れていたんだ)と、しみじみ感じ入ってしまった。

今日から店に出ることは、店のみんなは知っていたから、さりげなく、あたたかく迎えてくれた。

朝、築地まで来る車の中で兄貴に、「しばらくは、様子を見ながら、周囲に合わせてやってもらうからな」って言われた。

それはそうだ。これまで芝専はうまくやってきたのだから、私が入ったことで、店の雰囲気が悪くなったり、商売がうまくいかなくなったら、大変だ。

「芝専」の店名が入った茶屋札を持って、卸を歩いてまわった。兄貴から、「お前のいいと思う魚を仕入れてきていいけど、他の仕入れとバッティングしないように」と言われていた。

私が仕入れた魚を何処に置くのかも決まっていないし、お客さんの傾向もよくつかめていなかったので、ほんの少しの注文しかできなかった。

顔なじみの卸のKさんが、「おー、芝山さん、今日から芝専の人だね」と、早速声をかけてくれた。

中にはからかい半分で、前の店の名前で伝票を切る人もいたが。

芝専で働いていると思うと、体の中からエネルギーが湧き出てくるようだった。

実は私は神勝時代、店名の入った上着を一度も着たことがなかった。社長やおかみさんにしかられたけれど、どうしてもそれを着る気になれなかった。それを着たら、ほんとに神勝の人間になってしまって、二度と芝専に戻れないような気がして怖かったんだ。「芝専」のせり帽はすんなり被れた。おじいさん、おやじ、おじさん、兄貴の体温が感じられるようで、自分はやっぱり芝専の人間なんだって、改めて思った。

三十年前、私が入ったばかりのときに面倒をみてくれた、番頭のひろちゃんは今でも店で頑張っていて、私の復帰を悦んでくれた。

自分の置き場所を私のために少しあけてくれたので、注文した魚を運んできて、そこにちょこんと載せた。ままごとみたいだった。

ただ、ひろちゃんも歳をとったなあと思った。

私が芝専に入ったときは、働きざかりの三十代だったけど、私が五十六歳になったのだから、ひろちゃんは六十五歳。普通の会社だったら、退職している歳だ。

平成二十一年の春に大病をして梅雨《つゆ》明け頃に復帰したのだということも聞いていた。小さい体のわりにはがっしりした肩幅も少し小さくなったように思えた。

荷を運ぶのも、結構大変そうだった。

私が辞めてから入った、根本勝二郎《ねもとかつじろう》さんがひろちゃんとともに、番頭として活躍していた。

勝二郎さんこと、かっちゃんは、そもそも別の仲卸の店で働いていたのだが、店が閉められることになって、以前から仕事を手伝っていた弁当屋の「弁松」に移った。昇おじさんが、仲卸時代のかっちゃんの仕事ぶりに感心して、大手スーパーのお客がなくなったときに、戦力強化のために引き抜いたのだ。

芝専に戻ることが決まってすぐ、せり場で挨拶をすると、「一生懸命やればいいんだよ」とだけ言って、私の肩をぽんっと叩いた。

同じ仲卸といっても、芝専と神勝では、仕事の仕方もお客さんも違う。中には私のことを知っているお客さんもいて、「おっ、孝が帰ってきた！」って驚いていたけれど、ほとんどは知らないお客さんばかり。

かっちゃんがお客さん一人一人に紹介してくれて、助かった。

一緒に働くようになって、かっちゃんが本当に仕事ができる人なんだってことが分かった。また、かっちゃんにかかっている負担がどれだけ大きいのかってことも。

昇おじさんが、「芝専に戻るなら、かっちゃんの仕事の仕方を学んでくれ」と言っていたのも納得した。

何といっても扱う魚の量が半端じゃない。一日にカツオ、ブリ、タラを数百匹ずつ、総量で千匹以上を仕入れて、売ってしまう。

かっちゃんは卸にも、お客さんにも信用があって、この人のお蔭で芝専がこれまでやってこられたんだってことが分かって、有難いのと同時に自分がふがいなかった。

「お客がいいんだよ。芝専のお客はすごいよ。金の入れ歯でも置いとけば、買ってくれるからね」なんて、冗談半分に謙遜《けんそん》したりして、おちゃらけた面を見せることもあった。でも本当は繊細で細かい心配りができて、そのうえ頭の切れる、叩き上げの人間なのだった。

当然のことだけど、同じ仲卸だって、売れる店と売れない店がある。その原因は販売力だ。

例えば、いい鯛が一四千円で三百匹仕入れられたとする。でも、お客さんが買ってくれなかったら、腐らせてしまうだけだ。

店の客筋に合った仕入れをして、確実にそれを売ることが肝腎なんだ。

さらに、いい客筋を保つには、お客さんの信頼を得なくちゃならない。期待を裏切っちゃいけない。これは大変なことだ。

あの店に行けば、安くて新鮮で、いい魚が手に入るっていう認識をお客さんにもってもらって、「今日はどんな魚があるんだろう」って期待をさせる。そうしたお客さんの期待にこたえる魚をそろえるには、毎日毎日が勝負だ。手抜きなんか許されない。ちょっとした手抜きによって、それまで築いてきた信頼が一瞬にして失われてしまうこともある。

だから、毎日卸を端から端まで何度も回って、駆け引きをして、いい魚を手に入れるんだ。

芝専に戻って二、三か月は前の店のお客さん用の仕入れもしていたんだけど、兄貴に「芝専の仕入れに専念してくれ」と言われ、以前からの取引相手には、「迷惑がかかるから」と徐々に手を引いてもらった。

年が明けて三月くらいから、本格的に「芝専」の魚の仕入れを始めた。

芝専のお客さんはどんな魚を求めているのか頭を悩ませて、ほとんど新人同然だ。基本は安くて量があって質のいい旬の魚なんだけど、そういう魚ってないんだよ。仕方がないから、とにかく何でもいいから安い魚を並べていたら、「水族館」と言われる始末だった。

ひろちゃんの仕入れの手伝いもしていたんだけど、かっちゃんに「手伝いをするために戻ってきたわけじゃないだろう。お前はお前の仕事をしろっ」って怒られた。

とにかく必死になって仕入れをしていたら、ようやく二人のお客さんがついてくれた。二人とも魚屋で二人とも七十代。一人は物腰も言葉も丁寧な人で、一人はべらんめえ調の昔ながらの魚屋だった。

二人とも毎朝やってきては「今日はどんな魚を仕入れたの？」って魚を見て、買ってくれた。

一度来て、時間がたってからもう一度来て、私の仕入れた魚が残っていると、それを買ってくれることもあった。嬉しかったし、有難かった。

毎日仕事をしながらお客さんの顔を覚えていくうちに、一人、二人と私から魚を買ってくれるお客さんが増えていった。

芝専の中では仕事の分担ができていた。かっちゃんは主に魚屋相手の商売をしていて、旬の魚を大量に買って、売る。一方兄貴はおじいさんとひろちゃんの仕事を引き継いで、料理屋用の高級鮮魚の仕入れに力を入れていた。

私はおじさんに言われた通り、かっちゃんの仕入れを学ぶことにした。

自慢するわけじゃないけど、芝専は他の仲卸から注目されている店なんだよ。今日は芝専ではどんな魚がいくらで売られているのか、必ず同業者が見に来るの。

店頭に並んでる魚を見ながら、知り合いでもないおやじさんやにいちゃんが、「せり場より安く売ってるじゃないか」なんて言ってくる。

それは仕入れの量にもよるし、せりで残った魚をこなしてるってことなんだけど、そんなことはいちいち言わないで、ほうっておく。

だって、男の仕事はねたまれてなんぼだよ。

結局魚の置き場はかっちゃんが自分のところをあけて、私のための場所をつくってくれた。ただし、その場所が少しでもあいていると、「うめろ！　もう一回せり場に行ってこい！」と一喝される。

かっちゃんが店に並んだ魚を見渡して、「よし」と頷いたところから、店はスタートする。

長靴の底の減りが神勝のときよりも断然早くなった。

大変なことは大変だったけど、芝専のために魚を仕入れているのだと思うと、幸せだった。

自分にできる仕事は何か

芝専に戻った私は、この店で他の人がしないこと、できないことは何だろうと考えてみた。

その一つに集金があった。

神勝に三十年勤めていた間、私が回収できなかったお金は二、三万円くらいだった。相手は夜逃げ同然にいなくなって行方知れずになってしまった魚屋だった。

芝専のお客さんは、買ったその場で現金払いの人がほとんどなのだけれど、中には売り掛けのお客さんもいる。そういう人たちもだいたいは月末締めの翌週払いで落ち着いている。

芝専に戻った私に、売り掛けの取引を持ちかけてきたお客さんが何人かいたけど、丁寧にお断りした。

売り掛けには踏み倒しというリスクがともなう。神勝に入ることが決まったときにおじいさんから「売り掛けのお客さんには注意しなさい。こげつくと、身軽になれないからね」と言われていた。

中には、「三か月分をまとめて払わせてくれ」っていうお客さんもいたけど、そういう要望には応えないようにした。

だって、そういう店は一か月分を支払うのが大変だから、支払いを遅くしようというわけでしょう。一か月分がまともに払えないんだったら、三か月分を支払うのなんか、もっと大変になる。最後は泣きつかれるのがオチだよ。

私が芝専に戻ったとき、そういうこげつきになりそうな店があったので、全部自分で取りに行くことにした。お客さんの店まで行って、まずは話をしてみたんだ。

芝専の人たちは驚いたね。

「孝、そんな強引なことして、大丈夫か?」って、おじさんや兄貴は心配してたし、やり手のかっちゃんでさえ、「つき合いってのもあるんだから、ほどほどに」なんて言っていた。

でも私にとって仲卸の仕事は魚をお客さんに売るまでじゃない。売った分の金を集金してはじめて仕事として成り立つのだと思っている。

だいたい魚を売り掛けで提供するのは、それまでの店と店のつながりを含めた信用があるわけだろう。初めてのお客さんに売り掛けなんてしないからね。

その信用を裏切るほうが悪いんだ。

だけど、これがまた一件、一件が大きな金じゃないから、厄介なの。

魚の個人商店が買い上げる金額は、少ない人だと、一か月に二、三十万くらい。芝専から買うだけの金額だよ。あとはマグロの専門店や貝の専門店で買って、店に並べる魚をそろえる。
二、三十万円っていったって、三か月もたまれば、あっという間に百万円近くいっちゃう。それで払えなくなって、そのままになっちゃうの。
で、前の店にいたときには、払ってくれない店に行くでしょ。

知っている店だったら、「払ってください」って頭を下げて、相手の言い分を聞いて、支払期限を決めてもう一度行く。

それでも払ってくれなかったら、その日の売り上げを置いてあるところはだいたい分かるから、「これ、持っていきますからね」って、取っていく。

「強奪だ！」って騒がれても、気にしない。だって、金を払ってもらえないで困っているのは、うちなんだから。

全然知らない店に行って、向こうが大きな態度に出た場合には、いきなりこれをやる。相手がいくら「苦しいので、待ってください」って言っても、「こっちも苦しいんですよ」って、相手にしない。

何十万円もの回収は一回じゃできないから、回収できるまで何度でも行く。

そりゃ、こっちだって気が重いよ。店の人からはサラ金の取り立て人みたいに言われて、おかみさんに泣きつかれたり。でも、これが仕事なんだからと心を強くして、断固としてやる。

私が芝専に戻ったとき、数百万円の未回収金があったんだけど、この方法で全額回収した。何度も何度も顔を出して。とにかくねばり腰でいった。半年近くかかったけど、おじさんと兄貴には有難がられたね。

仲卸で仕事をしている人の多くは、魚を買ったり、処理したり、売ったりすることには熱心だけど、集金は自分の仕事じゃないと思ってる。

だけどもし、自分が人にお金を貸して戻ってこなかったことを考えてみてよ。相手がいい人だから、もう少し待とうとか、遠いから回収が大変だとか、そんな悠長なことを言ってられないいんじゃないかな。

店の金だから、誰かが回収してくれるのを待っていられる。でも、私はそういうのは嫌だった。自分が仕入れた魚をお客さんに売ったんだったら、その金を自分の責任で集金しないとね。

「お客さんの喜ぶ顔を思い浮かべて仕事をしろ」って、よく言うけど、それだけじゃあ仕事は成り立たないよ。

仲卸の仕事は一日、一日が勝負だ。

いい魚を仕入れるだけで満足せずに、その魚をお客さんに売らなきゃいけない。お客さんに「いい魚が買えてよかった」って、悦んでもらわなくちゃいけない。そしてお客さんからはきちんと金を受け取って、始めて商売が成り立つんだ。

集金がうまくいった一方で、仕入れは苦戦していた。

自分で芝専の魚を仕入れるようになると、忙しさの渦《うず》の中に巻き込まれそうになって、自分の存在がなくなってしまうような気がして、もがき苦しんでいる自分を実感した。

とにかく、いい仕事をしようと焦り、魚が売れなくて焦り、お客さんとの距離感を感じて焦っていた。

かっちゃんに「どうか長い目でみてください」って、拝むように言ったら、「馬鹿言え。もう長い目で見てもらえるような歳じゃないだろ」って言われる始末。

おっしゃる通り。五十六歳の新人だからね。二十歳の若造とは違う。

だけど、芝専の中で自分のカラーとなる魚を見つけて売るのは本当に難しかった。

ある晩、かっちゃんに寿司屋に誘われた。かっちゃんの知り合いの店で、高級店だった。

ウインドウの中に並ぶ見事な魚を見ながら、「自分が仕入れた魚でお客さんが来なくなってしまうのが心配です」って言ったら、「それで来なくなるようなお客はお客じゃないよ」って諭《さと》された。

その落ち着きぶりに、かっちゃんとお客さんがどれほど強い信頼関係で結ばれているのかが分かって、嫉妬《しっと》を感じるほどだった。

だけど、三十年も天ぷらだねの仲卸で働いていて、芝専に戻ってきた私の苦労を察してくれていたんだろうね。私が仕入れた魚を優先して売ってくれたり、私の損を自分の儲けで埋めてくれたり、苦情がきても自分の胸の中でとどめておいてくれたりと、フォローをしてくれた。

かっちゃんの力添えがあったからこそ、私は本当の意味で芝専に復帰することができたんだ。

築地の仲間たち

卸にしろ、仲卸にしろ、築地魚市場の人たちは毎日魚を相手に仕事をしているわけだけど、自分でも魚を釣るっていう人は多い。

築地の中での釣りのサークルもたくさんある。

自分で船舶《せんぱく》の免許をとって、ボートまで買って海釣りをする人や、鮎《あゆ》の友釣りに熱中している人もいて、結構本格的なんだよ。

私も誘われて、何度か行ったことがある。でもね、釣りに行ったはずなのに、最後はとんでもないところに連れて行かれたこともあった。

勝鬨橋の近くで、私を誘ってくれた先輩と二人で釣りをしてたんだけど、なかなか釣れなくて、先輩がいらいらし始めたのね。

しばらくしたら、「もう、だめだ。行こう」って、立ち上がって、釣り道具を片付け始めた。

「どこに行くんですか?」って聞いても、「いいからついて来い」の一言。

先輩が止めたタクシーに乗り込んだら、いきなり先輩が「吉原《よしわら》にやってくれ」って言って、抵抗する暇もなく連れて行かれた。高い入浴料まで取られて、疲れ果てて、翌日の仕事はさんざんだった。

一方吉原で英気を養った先輩は、翌日大はりきり。「おい芝山、魚を全部売り切ったぞ」って、わざわざ店まで自慢をしに来られたのには閉口した。

釣りは嫌いじゃないけど、私は釣り部には入らなかった。だって、仕事も休日も魚相手っていうのは、ちょっと辛い。休日は家でのんびりしながら、好きな音楽を聞いたり本を読んだりするのが好きだ。あとは気の向くままに散歩をしたり、人を訪ねたりね。

だいたい私は人とつるむのが苦手なんだ。人なつっこいやつだって思われがちなんだけど、気心が知れていない人がいるとだめ。あちこちのサークルに誘われて、何度か行ったこともあるんだけど、知らない人の輪に入れなくて、途中で帰ってきちゃったこともあった。

大学を卒業して芝専に入ったばかりのとき、麻雀はよくやった。その頃、築地の周辺には雀荘がたくさんあったの。今はほとんどなくなっちゃったけどね。

私がよく行ったのは、かつて銀座六丁目にあった東京温泉の上の雀荘だった。仕事が終わると、他の仲卸の先輩たちと一緒にそこに行って、麻雀するの。若かったから、体力があったのよ。

銀座のおねえさんが一緒のときもあったね。さすがに強者で、猥談《わいだん》しながら自分のペースを作っていく。「たまには勝たせてよ〜」とか言いながら、実はいちばん強かったりして。

博打にはまってる仲卸仲間もいた。とにかく借金をしまくって、借金を返すために働きまくってた。

朝から築地で働いて、昼は家の近所の酒屋の配達、夜はスナックのボーイ。結局体をこわして亡くなってしまった。

私も含め、築地の人たちはみんな飲むことが好きだけど、実は私は築地の仲間とはあまり一緒に外食はしないの。とくに魚はね。

たとえば寿司屋に行くとするでしょう。お互い、その魚がどういうルートでどれくらいの価格で取引されて、ここに並んでいるのか、だいたいのことは分かっちゃう。なじみの店だったらまだいいけど、評判の店なんかに入って、まずかったりしたら、大変だよ。

落胆《らくたん》どころじゃすまなくて、怒り出しちゃうからね。

「たいしたことない魚にこんな高い金をとりやがって！」って。

もちろん勘定は請求通りに払うけど。

私一人じゃなく仲間も怒るから、もうおさまりがつかない。

それから魚についてある程度知識があるから、つい出ちゃうの。

「メニューには書いてないけど、○○があったら出してくれる？」

主人と揉めて、しっちゃかめっちゃか。

お互い不愉快な気分になって、私たちの関係自体が気まずくなってしまうこともある。

意図していなくても、見えてしまう物もある。

いっとき、高級ホテルのレストランの食材偽装事件が取り沙汰されたでしょう。ブラックタイガーを使っているのに「車エビ」って表示したりね。

これは仲卸の知りあいの話。お祝い事があって家族みんなでフレンチを食べに行ったときのこと。

「マダイ」のポアレを一口食べた彼は、それが代用魚であることが分かった。家族の手前、おとなしく最後まで食べたけれど、食事の終わりにおもむろに席を立ち、シェフを呼び出して追及したところ、偽装を認めた。

別に彼のほうから要求したわけではなかったが、その晩の食事代はただになり、そのうえ、口止め料まで支払われた。

築地の人たちは食べる物、とくに外で魚を食べるときのお金の使い方が極端だ。

私は、高くてもおいしければいいやって思うほう。

銀座によく行くおでん屋さんがあって、そこはかなり高い。メニューに値段が書いてないから、食事をした後、店の人に言われた通りのお金を払うしかない。かみさんと二人で行って、つまみを二つ、三つ取って、おでんを二皿食べて、お酒（コップに入った熱燗《あつかん》）を二、三杯飲んで最後に茶飯を食べたら、軽く二万円はいっちゃう。

おでんは多分たねによって値段が違うと思うけど、私が見たところ、イイダコは一個で千円以上とってるね。

その話を築地の仲間にすると、「イイダコ一個で千円って、馬鹿じゃねえの」って言う人がほとんどだ。みんな元値を知ってるからね。

だけど私に言わせれば、そのイイダコはきれいに処理されていて、そんじょそこらじゃ食べられないいい味に仕上がってるのよ。手間をかけた職人技なんだから、千円払っても、惜しくない。

私にとっては、食べたいときに食べるのが〝おいしい物〟。刺身で食べられるほど新鮮なアマダイがあるとするでしょう。でもから揚げが食べたければ、から揚げにすればいい。そのときに何を食べたいかっていう、自分の欲求が大切なんだ。

なんてことをまくしたてててもしょうがないから、言わないけど。

というわけで、築地の仲間とはあんまり外食をしない。

築地の朋友の一人に、卸会社の中央魚類《ちゅうおうぎょるい》の山下直文《やましたなおふみ》さんがいる。

私より七歳年下の彼は大分県出身の九州男児で、志をもって、築地の世界に飛び込んできた。

最初の出会いは、今から三十年ほど前、私が神勝で働いていたときのこと。ある朝、売れ残ってしまったスルメイカの箱を抱えて店にやってきた。

いわゆる「おっつけ」だね。

口調が滑らかで、一生懸命売ろうとする姿勢が好ましかった。笑顔も感じがよくて、好青年だなあと思った。

そんなわけで、彼が持ってきたスルメイカを買うことにした。

そのことが縁になって、つき合いが始まった。

高校時代からラグビーをやっているラガーマンで、会社に入ってからも続けたかったらしいけど、時間をとるのが難しかったようだ。まあ、築地の仕事をしていたら、仕方ない。

仕事の合間に何くれとなく話をするようになったんだけど、第一印象そのままのいい奴でね。仕入れのことにしろ、店のことにしろ、どんな話も真面目に聞いてくれるし、真剣に考えてくれる。

なかなかの趣味人で、ギターなんか玄人《くろうと》はだしだよ。若い頃は給料を、洋服に、酒に、おねえちゃんに、全部使っていたらしい。

彼の顔を見るだけでほっとした気分になる。特別なことをしてくれるわけじゃないんだけど、そこにいてくれるだけで心強いんだ。

私が芝専に戻ることを報告したときも、「当たり前じゃん」の一言だった。だけど、その一言がうれしかった。

今思うと、人生の節目節目に、彼の何ということのない、だけど大切な一言があった気がする。

だけどね、つき合いが長いでしょ。今では一言でも触れたら関係が壊れちゃうような、お互いの弱みを知っているから、二人で飲みに行ったり、家を往き来することもなくなった。大人の関係って複雑だ。

変わる築地と変わらない築地

私が芝専に入った四十年前と今とを比べたら、築地は大きく変わったね。前にも書いたけど、四十年前は水産物の全てはせりでしか買えなくて、買う量も多かった。今じゃ、相対で、一匹、二匹でも買えるからね。それだけ消費者が少なくなっているんだろうね。

仲卸の販売力がなくなったってこともあるのかな。悔しいね。

昔だってもちろん肉は食べてたけど、ファストフードなんてそれほど普及していなかったし、惣菜屋なんてこんなにたくさんなかったし、海外からの食材の輸入も今みたいに豊富じゃなくて、普通の家庭では食卓によく魚料理が乗っていたからね。魚が獲れなくなったっていうこともある。

マグロの話をしておこう。

今、マグロの漁獲高が年々減っている。というのは、マグロそのものが減っているの。北太平洋まぐろ類国際科学委員会の調査によると、二〇一二年の太平洋クロマグロの親魚資源量は二万六千トンで、一九六〇年の二割弱にしか過ぎないんだって。

理由は、成長する前に獲られちゃうから。

メジマグロって食べたことがあるでしょう。スーパーでも普通に売られていて、ヨコとかヨコワとも呼ばれている魚。あれはマグロの幼魚なの。

今、漁獲される太平洋クロマグロの九十三パーセントは零歳と一歳なんだって。それも、かなり安い値段で取引されている。

クロマグロは四、五歳で卵を産んで、二十年以上生きるんだけど、零歳、一歳の段階でたくさん獲られちゃうから、大きく成長した親魚が少なくなってしまったというわけ。

でかいマグロはケタが違うからね。平成二十五年の初せりで、すしざんまいの社長が、二百二十キロの大間《おおま》のマグロを一億五千五百四十万円で落として話題になったことがあったでしょう。

あれは初せりってこともあって特別だけど、百キロを超えるマグロは一匹何千万円で取引されるのに、メジマグロは安いものだと一キロ数百円だからね。

そうした幼魚や産卵期のマグロは獲らないようにしようという自主規制の動きが出てきたけど、それくらいじゃとても追いつかないかもしれない。でも、とにかくやれるところからやっていくしかないよね。

これはマグロだけの問題じゃない。ハタハタだってそうだ。乱獲で漁獲量が減って、平成四年九月から七年八月まで全面禁漁となった。そのお蔭で大量の産卵が見られるようになった。どんな魚だって、大きくなって卵を産むまで待つべきなんだ。

日本人のマグロ熱を高めたのは高度経済成長だって言われている。普通の家庭でそこそこ高い魚が買えるようになって、高級品のクロマグロの需要が増えたんだ。

日本人の味覚の変化も関係しているらしい。七〇年代から外国のファストフードが入ってきてから、日本人も脂が多くて味の濃いものを好むようになった。

マグロのトロはまさにそれに合致していた。昔は脂っぽくて気持ちが悪いって、人気がなくて、魚屋も捨てたりしてたくらいだった。ところが、需要が上がれば値段も上がる。トロの値段はどんどん上がっていった。

バブル経済でトロの需要はますます高まって、一世帯あたりの年間マグロ平均購入費は、バブル崩壊直後の一九九二年がピークで、九千四百十六円。

他の魚じゃ、絶対にこんなにいかないね。

最近はクロマグロの養殖が急速に広まった関係で、トロも安く手に入るようになった。スーパーや回転寿司でも扱っている。

すしざんまいは、マグロを地中海の生《い》け簀《す》で泳がせながら管理して、必要なときに必要な分だけ取り出して、冷凍じゃなく生の状態で空輸するんだって。

みんな、あの手、この手を考えるよねえ。

最近の寿司屋は安くて手頃な値段で食べられるようになったけど、チェーン店が多くて味気ないね。

昔の寿司屋のおやじさんたちは最終学歴が中学校なんて、ざらだった。中学を卒業してすぐ寿司屋に丁稚奉公に入るんだ。

築地まで連れていったもらって魚の仕入れを見て、魚のさばき方を覚えて、寿司の握り方を覚えて。五年くらいは給金なんてほとんど出ないけど、仕事はきちっと学べる。だんだん仕事を任されるようになって、給金も人並みにもらえるようになって、さらに五年。それで独立して店を持つ。

店の親方やお客さんからいろいろなことを学んで、もちろんいろんなことをして遊んで、そういうものが全部自分の店の持ち味になって出るんだよね。

チェーン店だと、そういう店主があまりいなくなった。寿司職人さんにしたって、すぐ辞めたり、変わったりして、なじみになりにくい。

最近なじみになった寿司屋があって、そこの若い職人が気に入って通ってたの。一生懸命だし、寿司の握りもまあまあなんで見込みがあると思っていたんだけど、ある日店に行ったら、姿が見えない。「彼、休み?」ってお店の人に聞いたら、「ドロンです」だって。つまり、雲隠れ。驚いたよ。

昔は私が客として店に行くと、何も言わなくても瓶ビールを出してくれたり、貝から切ってくれたり、好みをちゃんと覚えててくれた。

それに、大切なのは話題ね。トコブシを使ったアワビの採り方とか、アワビのおいしい食べ方とか、書きとめておきたくなるような面白い話をたくさんしてくれた。

それが今はなくなったね。話っていえば、ゴルフとかクラブの女の人の話ばっかりで、全然面白くない。

あと、おやじさんに、職人を育てようっていう意識がないね。余裕がなくなったってことなのかな。

「ほら、これが今旬なんだよ。食べてみな」なんて言って、店の職人に食べさせることがなくなったから、若い人たちはなかなか仕事を覚えられない。

会社にしたって同じかもしれないね。上司が部下を滅多に行けないようないい店に連れていって、部下が「いつか自分もああいう店で食べるぞ」って意気込んだりするようなことって、今はあんまりないんじゃないのかな。

もちろん、見どころのある人もいるよ。

麻布十番《あざぶじゅうばん》で飲食店をやっているMさんは四十代前半なんだけど、毎日、芝専に買いに来るんだよ。毎日買いに来る人は今じゃあんまりいなくなった。だいたいおさめやさんに任せたりしている。

Mさんは自分の目で見て、いいと思ったものを買っていく。それから市場が豊洲に移った後の食の流通がどうなるかってことを真剣に考えてる。

彼は麻布十番一と言われる美人の嫁さんをもらったんだけど、彼女の実家は麻布十番に古くからある魚屋だったの。吉永小百合《よしながさゆり》を始め、多くの有名人がひいきにしていたらしいよ。その魚屋を十六年前に魚屋と飲食店の二つにし、七年前に飲食店一本にしたんだって。

滅多にないことだけど、商売変えは大成功して、今や予約をしないと入れない店になった。

芝専から魚を買っているからとは言わないけれど、とにかく魚がうまい！　刺身の盛り合わせを注文すると、なかなか手に入らない珍味を何気なく入れ込んでいて、感心したね。キンキの煮つけは、私のおばあさんの味が一番だと思ってたけど、Mさんも負けてない。

店の雰囲気もいいんだけど、それはきっと昔から麻布十番に住んでいる人たちが、くつろいで食事を楽しんでいる雰囲気が伝わってくるからじゃないだろうか。

奥さんのお父さんが地元の名士で、商店街に貢献したことやMさんの人柄や商売に対する熱い思いも関係しているんだろうね。

この奥さんのお父さんっていうのがまた粋な人でね。ときどき店に顔を出すんで話をしているうちに、お父さんも芝専で魚を買ってくれるようになった。

流通も変わった。

これも前に書いたけど、大手のスーパーは仲卸を通さず卸から直接魚を買えるようになったし、先取り制度ができて、夜中のうちに買うこともできるようになった。

これは仲卸の存在をおびやかす要因だけど、私を含め仲卸がだらしないってことになるのかな。

だけどそれについて、私たち仲卸が文句を言っても仕方がない。文句を言ったところで、日本人が前みたいに魚を食べるようになるわけじゃないし、制度が元に戻るわけでもない。

私たちは時代のニーズに合わせていくしかない。ニーズに合わせながらも、自分たちの店のカラーを出していくしかないだろう。

観光客が増えたっていう変化もある。とくに最近は外国人が多くなった。

場内の食べ物屋に食べにくる人も増えた。グルメ番組で築地を取り上げることが多くなった影響なんだろうけど、朝の五時から人が並んでいる店もあるから、驚いちゃうよ。うまかった店も、そうやって大繁盛しちゃうと、自分の許容範囲を超えちゃって味が落ちる。

一日百人の客を相手にしていた店が二百人の相手をしなきゃならなくなると、例えば揚げ油を使い回すようになったりするでしょ。

行列にあぐらをかいてしまうのね。そうすると、味は落ちて、常連客が離れていって、という負のスパイラルに陥《おちい》ってしまう。

四十年たっても変わらないものもある。

それは朝早く起きて、毎日築地に通うという生活だ。これは変わらない。変わりようがない。

築地の魚河岸の人の特徴も変わらないね。声がでかくて、口が悪い。だけど、別に悪口を言ってるわけじゃないんだ。

あとは別に規則があるわけじゃないけど、重い物を持っている人を優先して道を譲るってこともある。腰を痛めて荷を運ぶのが辛そうな人は助けたりね。これはもう暗黙の了解だ。

それから荷物の中身が落ちたりすると、拾って追いかけていって持ち主に渡すのね。築地の外だったら、取られちゃってるよ。

そういう助け合いの精神は昔から変わらないね。

豊洲の新天地で何が待っているのか

昭和六十（一九八五）年、築地市場は開場五十周年を迎え、二年後には、開場当時から築地市場に荷を運び続けた貨物線が廃止になった。

さすがに五十年もたつと、市場を取り巻く状況もいろいろ変わってくる。でもその頃は市場を移転させるのではなくて、築地を再整備する方向で、都議会でも基本方針が決定されていたんだ。

時代が平成に変わって、再整備工事も始まったんだけど、実際工事を始めてみると、予想していた以上に工事は長引くし、整備費もかかることが分かった。

市場財政の逼迫《ひっぱく》を理由に、移転が検討されることになり、その候補地として、東京臨海部の「豊洲」があげられた。

でもね、私もそうだけど、市場関係者は築地を離れたくない。愛着があるからね。平成十年に行われた、再整備か移転かの投票では、再整備支持が得票率五七パーセントを獲得。その後の採決で、再整備が正式決定した。

みんなほっとしたよ。これで築地を離れなくて済むってね。

ところが年が明けてすぐ、市場長が整備と並行して移転を検討していきたい、って発言してね。その年の七月には豊洲市場構想が公表された。

九月一日には就任したばかりの石原慎太郎《いしはらしんたろう》都知事が築地市場を視察して、「古い、狭い、汚い」って評価したんだ。

ここから一気に市場は移転の方向へと傾いていく。

平成十三（二〇〇一）年、二月二十一日、都知事は都議会で、市場の豊洲移転を本格的に進めていくと明言。十二月には豊洲への移転が正式決定された。

それから構想や計画がまとめられて二十四年の開場が予定されたんだけど、私たちはまだ、築地に市場が残ることを期待していた。

だいたい豊洲にはかつてガスの製造工場があって、ヒ素とか鉛とか水銀とか六価クロムとかカドミウムといった物質に土壌が汚染されていた。

そこで生鮮食料品を取り扱えるのかって問題があった。

ところがそれも、綿密な調査が行われて、汚染を確実に無害化する実験が成功して、二十三年から土壌汚染対策工事が始まった。

工事が二十四年末に終わって、都と市場関係業界が豊洲市場の施設計画について合意して、とうとう市場の建築工事が開始された。

ここまでくると、さすがにもうだめだとあきらめざるを得なくなった。

兄貴は初め築地で店を終わらせたいと考えていたんだけど、私の考えを聞いてくれて、豊洲でも続けていくことに決まった。

今まで大手の鮮魚専門店に勤務していた兄貴の長男が芝専の四代目を継いでくれることになった。私としては、うまくバトンを渡したいと思っている。

開場は来年十一月と決定されているけれど、市場をどう機能させるのかについて、具体的な話は今のところ伝わってきていない。みんなお互いに、お互いの出方を伺っているような状態だ。

ただ豊洲では一ブロック四店舗になるというので、芝専としては店を拡げる方向で準備を進めている。

売り店舗が出て、入札に参加したけれど、手に入れることができなかった。今は店舗の獲得が課題だ。

店舗の抽選に関する説明会が六月下旬にあって、七月下旬に受付、抽選日は八月八日と決まった。七月上旬にはモデル店舗の現場説明会もある。

とにかく、そうしたことが始まってみないことには、全く現実味がないというのが正直なところだ。

新しい店舗モデルを見て始めて実感が湧いて、そこから、これじゃだめだ、こうしたらいいんじゃないかという考えも出てくる。

そうしたことを一つ一つ重ねることで、豊洲が近づいてくるのではないだろうか。

今でも築地では、中学生を卒業したばかりの十五歳の少年が見習いとして働いている一方、八十歳のおじいさんが現役で魚を売っている。

水産会社の社員が見習いで働いていたりもするし、とにかく魚が好きだからここで働くのだという若者もいる。

いろいろな面で社会の受け皿になっているのだ。

そして私を含め、築地で働く人たちの多くが築地を愛し、築地で働いていることを誇りに思っている。

豊洲もまた、そこで働く人たちが誇りを持てるような場所になってくれたらいいと思う。

おわりに

まだ人が寝静まっている午前二時、外に出て最初に感じるのは温度だ。それぞれの季節のそれぞれの温度。同じ季節であっても、その日の気分や体の調子によっても、感じ方は大きく違ってくる。

その温度は私に、生きていることを実感させてくれる。今日また一日が始まる。今日もまた築地で働くことができる。

兄貴の運転する車が清澄《きよすみ》通りを走っていき、相生橋《あいおいばし》にさしかかる。左は晴海《はるみ》、右は永代橋。隅田川《すみだがわ》は、水かさや波の立ちかたなど、その日、その日で違う表情を見せる。

私はこの相生橋から見る景色が好きだ。

勝鬨橋まで行くと、東京タワーが見える。まだ真っ暗な中、タワーの上に輝く月が川の水に映っていたりして、実に幻想的だ。

私は築地が好きで、仕事も好きだから、明け方のこの時間に、嫌な気分でこの二つの橋を渡ったことはない。だから、兄貴が運転している横で、心の中で祈るんだ。

（この橋を、帰りも気分よく渡れますように）

橋を渡り、築地市場に行く道に入ると、車の数や動きで、その日に築地に入る荷の様子が窺《うかが》える。

昔は、休市の前なんか混雑がひどくて、入口が見えているところまで来ているにもかかわらず、市場に入るまでに一時間以上かかったこともあった。

最近はそういうことはなくなった。それだけ荷が少なくなったのだろう。

この道を行くのも、あと一年となった。

豊洲では、どんな市場が展開されることになるのだろうか。

それは、行ってみなければ、分からない。

ただ、はっきりしているのは、場所が移っても、芝専がある限り、私は魚を売り続けるということだ。

こうした天職につくことができたのは、全ておじいさんのお蔭だ。

もしもおじいさんが芝専を立ち上げなかったら、一体私は、兄貴は、おやじは、おじさんは、どんな人生を送ったのだろう。

芝専が存在しない世の中など想像ができない。

中央卸売市場の豊洲移転がきっかけとなって、本を出すことになったわけなんだけど、原稿をまとめながら、いろいろなことを思い出した。また自分の中にあるいろいろなことと向き合うこともできた。

自分はこんなことに悩んでいたのか、こんなことを考えていたのか、あらためて分かって、驚いた。全ての原稿をまとめ終えたとき、心の奥で固くこりかたまっていたものがいつの間にか抜け落ちていることに気づいた。

人間、生きているだけでいろいろなものを抱え込んでいるものだね。

私の場合その全てが築地とつながっていたわけだけど。

最後に、築地の朋友、中央魚類の山下直文氏さんに心より感謝申し上げます。彼がいなければ、私の築地人生はこれほど充実したものにはなっていなかったと思います。

私に仕事を教えてくれたひろちゃんは平成二十六年十月に亡くなりました。長い間お疲れさまでした。合掌《がっしょう》。

築地の歴史については、銀鱗会の福地享子さんにご教示いただきました。この場を借りて、お礼を申し上げます。

文芸評論家の福田和也さんとは長いおつき合いですが、この度、解説のうえにカバーの写真まで撮っていただき、ありがとうございました。

編集の緒形圭子さんにもお世話になりました。文章のご指導、感謝します。

早朝の撮影にもつき合って、素晴しい装丁を仕上げてくださった奥定泰之さん、ありがとうございます。

天国にいるおじいさん、おばあさん、おやじ、おふくろ、昇おじさん、信三おじさん、ありがとう。眞一兄貴、ありがとう。由美子、ありがとう。

私は生まれ変わったら、もう一度、芝山の家に生まれたい。芝専で働きたい。できれば、おじいさんと一緒に魚を売りたい。

平成二十七年　六月吉日

芝山　孝

解説

芝山孝さんと私

福田和也

初めて芝山孝さんとお会いしたのは平成十六年である。

場所は、銀座になじみのIというバーがあって、そこから独立したバーテンダーのT君がその年の二月に新しく開いた店だった。

暑い夏の夜だった。最初は浅草あたりで編集者数人と飲んでいて、そこから銀座に流れてきたのだ。

重い木の扉を開けると、カウンターの一番奥に落ち着いた雰囲気の男女のカップルが座っていた。私が編集者と一緒にカウンター席に着くと、T君が私の前まで来て、「あちらは芝山さん。築地で仲卸の仕事をされています。私がいろいろお世話になっているご夫婦です」と紹介してくれた。

そのときは挨拶を交わしただけだったが、その後何度か同じバーで顔を合わせ、話をするうちに親しくなった。

芝山さんはいつも奥さんを連れていた。仲のいいご夫婦なんだなと思った。

翌年の二月、T君のはからいで、芝山さんの家の食事に招かれることになった。場所は門前仲町だという。門前仲町という町に、私はそれまでほとんど行ったことがなかった。

地下鉄の駅の改札でT君と待ち合わせをし、家まで案内してもらった。

おじいさんの代から仲卸の仕事をしている家だと聞いていたので、勝手に日本家屋を想像していたのだが、着いたところは駅から三分ほど歩いた、瀟洒なマンションだった。

ちょっと意外だったが、家も店もお兄さんが継いだのだということを後になって聞いた。またそれにかかわる詳しい事情はこの本を読んで、知った。

茶の間の座卓を囲んで食事が始まった。

私が貝好きだということが伝わっていたのだろう。

赤貝、白ミル貝、平貝、帆立、見るからに新鮮な美しい貝が皿に並んでいた。また別皿には生牡蠣も用意されていた。

まずは牡蠣から手をつけた。軽くレモン汁を振って、殻ごと持ち上げて口に近づけ啜った。噛みしめると磯の香りが口中に広がり、するんと喉をくだっていった。食感、味、香り、全てが素晴らしい牡蠣だった。

貝がおいしかったことは言うまでもない。

貝を食べ切らないうちに、今度は鯛とマグロの赤身の刺身が出てきた。どちらも口に入れると、ねっとりしていて味が濃い。

夢中になって食べている私を見ながら、芝山さんが言った。

「よくテレビのグルメ番組でレポーターが刺身を食べて、『コリコリして、美味しい』なんて言うでしょう。新鮮で美味しいってことを言いたいんだろうけど、コリコリした刺身なんて、うまくもなんともない。魚は脂《あぶら》がのってねっとりしているくらいがおいしいの」

なるほどと思った。

次に出てきたフライは一口食べて、驚嘆した。身がふっくらしていて甘みがあって、実にうまい！

「何の魚か分かる？」と聞かれたけれど、白身の魚という以外、見当がつかなかった。鰆《さわら》だった。

私はそれまで鰆のフライというものを食べたことがなかった。京都の割烹料亭で出されるのは、たいてい刺身か焼き魚だった。こんなに美味しいのなら、もっと料理屋で出てもおかしくないはずなのにと不思議に思った。

「それは刺身にしてもいいくらいの新鮮な鰆なの。そういう鰆は料理屋ではフライにするのをもったいながるの。でも、フライが食べたいときはフライにすればいいんだよ。うまいでしょ」

これまたなるほどだった。

最後は鱈鍋。

フライも鍋も、芝山さんの奥さんの手料理だった。魚屋さんの奥さんはさすがに魚料理が上手いものだと感心したのだが、本によると結婚されたばかりの頃は魚を三枚におろすこともできなくて、芝山さんのおばあさんに弟子入りしたというではないか。

みんないろいろ苦労されているんですね。

私が書く重要なテーマの一つに「食」がある。

自分で言うのも何だけれど、食事にはかなりの金をかけている。日本中あらゆるところで旨い魚を食べてきたという自負があった。けれど、その中でも、芝山さんの家で食べた魚はピンだった。

この本を読んで、芝山さんがこの四十年間、築地の魚河岸でどれだけ真剣に魚と対峙してきたのかを知った。

毎朝二時、三時に家を出て河岸に行き、魚を相手に体を張って働く。公休日以外休まない。

その芝山さんが自分の目で選び、自分の手で捌き、供してくれる魚だからこそ、うまいのだ。

あの日から今にいたるまで、一体何度、芝山さんの家でご馳走になったことだろう。食べる度に、「魚ってこんなにうまいものだったんだ！」という驚きがあることに驚く。

芝山さんが築地で働く姿を一度見たことがある。

∴

平成十九年の夏だから、まだ芝山さんが神勝《かみかつ》で働いていたときだ。その頃、カメラに興味を持った私は編集者や友人に声をかけて、写真部なるものを立ち上げた。

その第一回目の撮影会を築地で行いたいという無謀な願いを芝山さんに話したところ、「面白いじゃない」と乗ってくださり、自分は仕事でだめだけれどと、ご友人をアテンド役につけてくださることになった。

あのときは写真部を始めることに興奮していて、勢いで頼んでしまったが、今考えると、とんでもない話だ。

芝山さんが毎日必死になって働いている仕事場に、半分遊びのサークル集団がどやどや押しかけていくというのだから。

当日は築地魚市場の入口に五時の集合だった。集まった部員は、私を入れて五人。そこに、この本にも登場している中央魚類《ちゅうおうぎょるい》の山下直文《やましたなおふみ》さんがいらっしゃった。

まずは全員の長靴を手配してくださり、靴を履きかえると、鮪のせり場、鮮魚のせり場、卸の売り場、仲卸の売り場と順々に案内してくださった。

仲卸の売り場には芝山さんがいた。前掛けをつけ、お客さんに「ほら、これ、安いよ。

持っていってよ」と声をかけていたかと思うと、魚の下処理を始め、お客さんが来るとすぐにまた相手をして、からになった容器を片付けて、売れた魚を梱包して、茶屋札を貼ってと、文字通り休む間もなく働いていた。

こんなに常時テンパっていたら、体がもたないんじゃないかと、心配になるほどだった。後で聞くと、毎日こんなもんだと、こともなげに言っていた。

そんなに忙しくしているのに、私たちが店に行っても嫌な顔もせず、店の人たちに紹介してくれ、さばいたばかりの鰯を食べさせてくれた。

山下さんは場内を回りながら、丁寧に説明をしてくれるばかりでなく、「ここから撮っても面白いですよ」などと撮影ポイントまで教えてくれた。

二人を見ていて思ったのだけれど、二人とも自分たちが働いている築地に誇りを持っていて、その場所を人に見せたいんじゃなかったのかな。

職場を誇りにできる人というのは、つくづく幸運な人だと思う。

初めての撮影会は大成功で、私も含め部員全員が気持ちよく写真を撮ることができて、部活は幸先のいいスタートを切った。

趣味がこうじて平成二十一年十二月に初めての写真の個展を開いたとき、芝山さん夫妻は初日に来てくださって、お客さんたちに自家製のカラスミを振る舞ってくださった。

芝山さんは読書家である。

私の本はほとんど読んでくれていて、中でも気に入ってくださっているのは、『地ひらく　石原莞爾と昭和の夢』だそうだ。

読んですぐ感想を伝えてくださった。

「この本、面白いねえ、福田さん。石原莞爾って、自分の中に理想を持っていた人なんだね。だから、満州国というものを実現することができたんだねえ。人間生きていると、目の前にあることで精いっぱいになっちゃうけど、やっぱり理想を持たないと、だめだね」

私は嬉しかった。

その本で私が書きたかったのは、限界と戦い、幾度か成功したように見えたけれども結局は敗北を喫し、けれどその敗北にいたる道程において、石原莞爾が残した、いくつもの珠《たま》のような理想だったからだ。

そのことを、芝山さんは感じ取ってくれたのだ。

きっと芝山さんも自分の中に理想を持っているのだろう。だからこそ、石原の理想を感じ取ることができたのだ。

この本でそれが垣間見られたような気がする。

敬意と感謝をこめて、本のカバーの写真を撮らせていただいた。芝山さんの魅力が伝わってくれるといいのだけれど。

（文芸評論家）

参考文献

『魚河岸盛衰記』田口達三（いさな書房　一九六二年）
『さかな一代　安倍小治郎自伝』（魚市場　銀鱗会　一九六九年）
『魚河岸怪物伝』尾村幸三郎（かのう書房　一九九四年）
『築地』テオドル・ベスター著　和波雅子・福岡伸一訳（木楽舎　二〇〇七年）
『「築地」と「いちば」築地市場の物語』森清杜（都政新報社　二〇〇八年）
「『築地市場』開場物語」福地享子（『水産振興』第五六七号　東京水産振興会　二〇一五年）
『GLOBE』2015年5月3日号（朝日新聞社）

芝山　孝（しばやま・たかし）
大正15年創業の老舗仲卸鮮魚店「芝専」社長の弟。昭和28年東京都江東区に、「芝専」の三男として生まれる。50年日本大学四年在学中に「芝専」に入社。4年後、親族の諍いにより「芝専」退社。55年、築地の仲卸「神勝」に入社。平成21年、30年あまり勤めた「神勝」を退職し、「芝専」に復帰。以降、仲卸の仕事を続け今日にいたる。市場が豊洲に移転した後も「芝専」は継続する予定。

ありがとよ築地
魚河岸と生きた四十年

二〇一五年八月一日　第一版第一刷

著者　芝山　孝
発行者　後藤高志
発行所　株式会社　廣済堂出版
〒一〇四—〇〇六一
東京都中央区銀座三—七—六
電話　〇三—六七〇三—〇九六四［編集］
　　　〇三—六七〇三—〇九六二［販売］
FAX　〇三—六七〇三—〇九六三［販売］
振替　〇〇一八〇—〇—一六四一三七
http://www.kosaido-pub.co.jp
印刷所・製本所　株式会社　廣済堂

ISBN978-4-331-51954-7 C0095